海南省哲学社会科学2021年规划课题"自贸港视阈下海南方言话语体系建设"［课题编号：HNSK（YB）21-50］成果

九州文库

中国民间谚语俗语赏析

——海南集粹

吴文妹 著

九州出版社

JIUZHOUPRESS

图书在版编目（CIP）数据

中国民间谚语俗语赏析：海南集粹／吴文妹著．
北京：九州出版社，2024.9. -- ISBN 978-7-5225
-3387-2

Ⅰ. H136.3；H136.4

中国国家版本馆 CIP 数据核字第 2024CT0009 号

中国民间谚语俗语赏析：海南集粹

作　　者	吴文妹　著
责任编辑	蒋运华
出版发行	九州出版社
地　　址	北京市西城区阜外大街甲 35 号（100037）
发行电话	（010）68992190/3/5/6
网　　址	www.jiuzhoupress.com
印　　刷	唐山才智印刷有限公司
开　　本	710 毫米×1000 毫米　16 开
印　　张	23.5
字　　数	424 千字
版　　次	2025 年 1 月第 1 版
印　　次	2025 年 1 月第 1 次印刷
书　　号	ISBN 978-7-5225-3387-2
定　　价	99.00 元

说明

　　本规划课题为"自贸港视阈下海南方言话语体系建设"，因本课题涉及范围宽泛，特别选择海南民间谚语和俗语展开研究。在结题答辩时，也得到答辩组的肯定，指出《中国民间谚语俗语赏析——海南集粹》有助于海南方言的传承和发展，而且其英文翻译对海南自由贸易港建设打造良好的语言环境起着积极的作用。

　　特此说明！

2024 年 4 月

前　言

海南谚语和俗语，是海南人民实践经验的结晶，是海南人民智慧的花朵，是海南的民间教科书。它们以言简意赅、通俗易懂、富有韵律的短句形式，说海南之事，言海南之物，表海南之情。从中，人们不仅可以洞察海南人民的人生哲理、处世社交、道德观念、精神风貌，还可以了解海南的地理气候、物种特产、生活习俗、风土人情等等。这些增广贤文早已成为海南人民世代相传的精神财富。

但是，随着社会发展变迁，不少海南谚语、俗语已经从社会生活中消失了，而且在市面流通的海南民间谚语、俗语书籍少之又少。十里不同风，百里不同俗。由于海南特有的地理气候、生活习俗、风土人情、社会沿革均与内地不尽相同，不了解详情的人势必对某些谚语或俗语感到费解。因此本书不仅收集海南谚语和俗语，还逐一增加英文翻译和中文解释，英文翻译优先采用意思相近的英文俗语或俚语，体现"信达雅"的翻译原则。

本书共有八章，包括积极进取篇、品格修养篇、为人处事篇、时政事业篇、自然实践篇、婚姻家庭篇、人性弱点篇和言谈情感篇。收录的谚语和俗语范围广，哲理丰富，从处世哲学到社会百态，从天文地理到农工商建，从婚姻家庭到养生保健……大千世界，千姿百态均有涉及。

这些增广贤文常以日常所见的熟悉事物来阐明人生哲理、喻事言理。例如，"甘蔗无虫，世上无人"（The brightest of all things, the sun, has its spots）、"刀子越使越亮，见识越积越多"（The more you use, the brighter the weapon is; the more experience you accumulate, the wiser you become）、"坐人不知站人苦，饱人不知饿人肚"（Those at ease may not understand the struggles of the weary; those well-fed may not comprehend the pangs of the hungry）。

海南的谚语和俗语不乏处世社交的经验。例如，"合人须三年，失人只三时"（It takes years to make a friend, but only moments to lose one）、"欲想人让侬，侬要先让人"（To earn respect, one must first extend it to others）、"多种花，少种

刺，留下人情好办事"（Plant more flowers, fewer thorns; foster good relationships to make things easier.）、"欲想小孩有本事，让他吃苦心不痛"（Hardship makes a great mind）、"鸡吃鸡脚爪，人吃人才调"（Chickens find food by claws while humans make a living by skills）、"室里有万金，不如人一日讨一升"（Possessing wealth is not as good as earning steadily, day by day）。

身居海岛的海南人从不畏惧风浪、勇字当头、迎难而上，这些精神风貌都体现在海南谚语和俗语中。例如，"大海不怕雨水多，好汉不怕困难多"（Just as the sea welcomes more rain, a true hero faces difficulties without fear）、"浪再高，也在船底；山再高，也在脚底"（No wave too high, no mountain too tall, to conquer）、"难字当头寸步难行，干字当头一日千里"（If you think little of difficulties, you can get things done quickly and easily）。

此外，海南谚语和俗语还呈现独特的地域及特产，例如，"岛北冻死鱼，岛南脱寒衣"（The winter of the northern Hainan Island can be freezing cold while that of the southern part is as warm as summer）、"海南三大宝：椰子、槟榔和橡胶"（There are three treasures in Hainan: coconut, areca and rubber）、"温泉水，热如汤，常泡温泉不生疮"（Hot spring, as hot as boiling water, is a cure for skin sores）。总之，海南的谚语和俗语源远流长、丰富多彩，是海南人民智慧的结晶。

迄今，市面上还未曾有中英互译的海南谚语和俗语图书。为了深入探讨其来历和含义，本书还增加注释解释方言、特殊用语、习俗、典故等。详见下例：

【原文】
不到头斜①，不见事出。
【英译】
The mills of God grind slowly.
【注释】
①头斜：是指太阳（日头）向西斜。
【解释】
太阳落山后，事情就有结果。含有"不是不报，时候未到；天网恢恢，疏而不漏"的意思。

通过积累和弘扬海南谚语和俗语文化，拓宽海南方言文化的传播渠道，丰富海南方言话语体系，有助于提升海南人民的文化自信，也契合海南省政府全民学英语的号召，为建设自由贸易港打造相宜的语言环境。

本书在撰写过程中邀请深谙海南民间谚语和俗语的陈必高先生和海南师范大学陈道谭教授校对，在此表示诚挚的谢意！本书还参考了国内外一些书籍、报刊、网站，特在此一并致以感谢。

由于编写时间仓促，不足之处在所难免，敬请同行专家和广大读者批评指正。

吴文妹

2024 年 1 月

目　录
CONTENTS

绪　论

一、研究背景

本研究旨在收集、整理、分类作为文化载体的海南方言谚语和俗语，通过对其文化内涵进行深入分析，以便更好地理解海南地区文化，以及其与经济发展之间的相互作用和影响。海南方言谚语和俗语深植于当地的历史、文化和生活方式中，反映出对自然环境、社会关系和经济活动的深刻理解，不仅蕴含着丰富的历史和社会价值观，与建设海南自由贸易港良好的营商环境也息息相关。海南自由贸易港作为中国重要的经济发展策略之一，其与地方文化的互动是一个值得探究的领域。

谚语（Proverbs）是一种传统的口头文学形式，它们以简短、典型且通常以节奏性、韵律性的语言形式出现，用以表达普遍的真理、道德教训或对世界的观察。① 谚语通常包含深层的文化智慧和生活经验，它们被广泛用于教育、批评和指导社会行为。

俗语（Idioms），是指在特定社会群体、地区或文化中流行的表达方式或短语。俗语反映了特定社会环境的语言习惯、文化特征和社会实践，它们通常包含比喻意义，只有对其文化背景有所了解方能有效理解它们。②

作为语言和文化研究的重要对象，谚语和俗语在不同的文化和社会中承载着丰富的历史底蕴和社会意义。本研究涵盖的海南方言仅限于闽南话系统的方言，即在海南岛较为广泛的地区和较为多数的岛民所讲的，讲海南话的岛民都能听得懂的，与当地少数民族语言和内地普通话相区别的本地语言。这些闽语深深植根于海南岛的地理环境、历史背景和文化传统中，其表达形式不仅丰富了汉语表达的多样性，而且也为研究中国南方的语言文化提供了宝贵的资料。

---

① MIEDER W. Proverbs：A Handbook［M］. Westport：Greenwood Press，2004.

② PALMER F R. Semantics［M］. Cambridge：Cambridge University Press，1981.

海南谚语是在海南地区广泛流传的、有教育意义、反映生活智慧和社会经验的简短而固定的语句。这些谚语通常以海南闽语表达，蕴含着深厚的地方文化特色和历史信息，反映了海南人民对自然环境、社会生活和人生哲理的理解和总结。

海南俗语则是指在海南地区特定社会群体中流行的、形式多样的语言表达方式，它们反映了海南地区的风土人情、社会习俗和文化特征。其表达方式往往更加生动、具体，常用于日常交流中，揭示了海南人的生活方式和思维模式。

海南谚语和俗语的相似之处在于，它们都是语言的一部分，用于传达信息、文化价值和社会规范。它们都具有教育意义，常用于指导、警告或启示。具体特点有以下五点：

（1）社会和伦理观念。谚语和俗语通常包含着关于道德、家庭、社会关系和人际互动的智慧和经验教训。它们传达了社会和伦理观念，蕴含着丰富的生活智慧，通过简练的语言向人们传达有益的生活经验和道德教育，有助于形成正确的价值观，规范人们的行为举止。

（2）地域性特征。海南谚语和俗语体现出了地方文化和风土人情。它们通常与海南的自然环境、传统产业、食物和气候有关，充分体现了海南地区独特的地域文化。

（3）农耕文化。热带农业是海南的支柱产业之一，许多谚语和俗语都与农耕活动、农产品和季节变化有关。这些语言表达了人们对农业的依赖和对自然的敬畏。

（4）民间传说和神话元素。一些谚语和俗语源自海南的民间传说、神话和宗教信仰。它们反映了人们对神秘和超自然力量的信仰和敬畏，并体现了儒家文化的深刻影响。

（5）口头传播。它们主要通过口头传统形式在当地社区中传播，是文化和知识传承的重要载体。

鉴于谚语和俗语有较多相似点，本研究并不严格区分二者的分类，而是更多关注其内涵意义。研究海南谚语和俗语对于理解当地社会的文化价值观、社会结构和历史演变，以及促进经济合作交流均有重要意义。

二、国内外研究现状述评

习近平总书记多次强调，要加强国际传播能力建设，精心构建对外话语体系，讲好中国故事，传播好中国声音，阐释好中国特色。可以说，传播能力是国家文化软实力的重要组成部分，话语体系是一个国家在国际舞台上确立话语权的前提和基础。要讲好中国故事、讲好海南故事，一定要先坚定文化自信，挖掘和创造文化精品。海南闽语的谚语和俗语是中华传统文化的重要组成部分，是当代中国建设文化强国的重要文化资源，同时也是海南自贸港建设进程中，实现文化引领、增强文化自信的重要资源。它们中外兼收并蓄，丰富多彩，充分体现了海南地域特色：说海南之域，言海南之物，叙海南之事。从中，人们既可以了解海南的地理、气候、物产、生活习俗、风土人情，还可洞悉海南的社会沿革、历史事件、人物轶闻及风物掌故等。

但是近年来，随着外来人口的涌进，以及普通话推广等，海南方言出现了影响力日渐式微、地位逐渐边缘化、方言教育语言缺失、教育政策单一化等危机。① 住在城市里的海南籍青少年说海南话明显减少②，更别提知晓富含经验与智慧的谚语和俗语了。针对海南方言传承危机，学者们从不同角度提出对策：实行多元化语言政策，加大投资，优化教育资源，满足海南国际化和本土化语言发展需要③；有研究提出传承海南话的方法为：第一，让方言进课堂，以渗入课堂形式来传播方言文化；第二，广开"言路"，营造方言文化氛围；第三，扩大研究，挖掘方言资源宝库④。还有学者呼吁语言学理论工作者不但研究海南话的语系、拼读、语音、语调的异同，还涉及海南话民谣、熟语、俗语、俚语的研究⑤。

不仅是海南方言出现传承危机，其他方言也面临类似的危机，学者们也提出了相应的对策。李增华⑥发现彝族南部方言峨新土语语言文字存在着逐步消亡的危机，并提出收集古彝文文字、词汇汇编词典，成立研究所，加强对外交流等对策。徐曼⑦调查也发现河南方言面临使用人数日趋降低、方言环境极度收缩

① 庄翠娟. 浅议海南话 [J]. 琼州学院学报，2009，16（6）：153-154，152；王琳. 海南语言多样性的保护与传承 [J]. 海南大学学报（人文社会科学版），2011，29（3）：8-12，17；毛春洲. 多元文化背景下海南特区语言政策与语言规划研究：东南亚岛屿国家和地区的语言政策和规划对海南的启示 [J]. 海南广播电视大学学报，2021，13（2）：11-17.

② 宋安琪. 城市化进程中城乡青少年语言状况对比研究——以海南中小学生为例 [J]. 语文建设，2015（36）：31-32.

③ 毛春洲. 多元文化背景下海南特区语言政策与语言规划研究：东南亚岛屿国家和地区的语言政策和规划对海南的启示 [J]. 海南广播电视大学学报，2021，13（2）：11-17.

④ 周萍. 开发海南方言资源保护文化的多样性 [J]. 新东方，2011（6）：32-35.

⑤ 柴俊星. 海南民谣熟语等文学作品修辞手法拾萃 [J]. 语文学刊，2015（12）：1-2，5.

⑥ 李增华. 彝语南部方言峨新土语：语言文字的危机和应采取的对策 [C] // 第二届中国云南濒危语言遗产保护研讨会论文集，2006.

⑦ 徐曼. 河南方言生存现状及面临的危机 [J]. 焦作大学学报，2014，28（1）：23-25.

和方言传承人缺乏等危机。针对温州方言的传承与保护，钟舟海①提出从文化生态学看方言的传承与保护，即语言文化环境呈现多元并存、和谐共生状态，才是符合现代人生存的文明的语言文化环境，才能适应多元化发展的时代。可见，方言传承危机已是个普遍现象，为了阻止中华优秀传统文化流失灭亡，必须重点关注该议题。

　　综上所述，海南方言现实危机不可小觑，它关乎民族自信、文化传承、中华民族崛起等议题，也为其他方言传承提供经验借鉴。不少学者已从不同角度提出相关的应对策略，但是海南闽语的谚语和俗语的传播方式单一，鲜有文字和数字影音记录，学校教育也没有得到足够的重视。因此亟待政府、媒体、各级群体及个人的努力，采取实际有效的传承方言的具体措施，人为干预并改善方言的生存环境，为自由贸易港建设创建良好的营商环境。当前，随着社会发展变迁，很多海南谚语、俗语已经从社会生活中消失了，在市面流通的海南闽语的谚语和俗语书籍少之又少，海南方言的后继乏人和断代危机更加剧了这一社会问题。亟待建设海南方言话语体系，继承、保护海南方言文化瑰宝，助力海南自由贸易港建设。

三、研究意义

　　首先，以海南闽语的谚语和俗语为核心的话语体系建设是促进海南自贸港建设的软实力。海南谚语和俗语，是中华文化的重要组成部分，是海南人民实践经验的结晶，是群众智慧的花朵，是海南民间教科书，承载着海南人民的价值观和信念，在民间文学艺术宝库中占有特殊地位。它们言简意赅，富含哲理，以形象生动、简洁凝练的艺术语言向人们揭示真理、传授经验，使人们从中获得智慧，得到启迪。在创建和谐良好的营商环境过程中，这些俗语和谚语可以帮助外来企业了解当地文化，尊重和遵循当地的价值观，从而更好地融入当地市场。同时，它有助于推动海南文化走出去，加强海南文化的对外传播，与其他国家和民族的文化进行广泛交流，进一步彰显自身的魅力和内在价值。

　　其次，以海南闽语的谚语和俗语为核心的话语体系建设促进外来企业加强沟通与理解，建立信任和产生共鸣，遵守社会规范。谚语和俗语通常通过短小精悍的词语传递复杂的信息，表达方式简洁而深刻，从而帮助企业与当地人建立更好的沟通，减少误解和文化冲突的发生。而且，当地的谚语和俗语反映了

---

① 钟舟海，凌汉华. 从文化生态学看方言的传承与保护：以客家俗语为中心 [J]. 江西理工大学学报，2014，35（4）：98-102.

当地人民的智慧和经验，能够与他们产生情感共鸣。在商业环境中，引用当地的俗语和谚语可以增进与当地人的亲近感和产生信任感，帮助企业建立良好的业务关系。俗语和谚语常常包含着社会规范和行为准则，可以指导商业活动中的行为和决策。在商业环境中，了解当地的俗语和谚语可以帮助企业遵守当地的道德和行为准则，避免冒犯当地文化。

最后，以海南闽语的谚语和俗语为核心的话语体系建设呈现出一种有效的话语方式，且具有感染力。在传播中国文化、海南故事的时候，在与世界对话时，要有行之有效的表达方式，不仅能"讲"，而且要"讲"得好听。谚语和俗语形式多样化，富有情趣、韵律；文字结构对称、和谐押韵、容易记诵；常伴有幽默和机智的意味，可以用于破冰和缓解紧张氛围。在商业环境中，运用当地的俗语和谚语可以增加商务场合的轻松氛围，促进合作和友好关系的建立。

四、研究设计

本研究基于认知语言学理论，探讨谚语和俗语在认知加工和思维过程中的作用，从语义学、概念隐喻、语言与思维等方面的研究帮助揭示谚语和俗语的认知功能。

本研究采用文献检索、田野调查、访谈法等多方面采集海南谚语和俗语，并通过阅读和分析相关书籍、文献、报告等资料，比较谚语和俗语的表达方式、内涵和外延意义，整理出具有代表性的谚语、俗语文化资源，进行语言寻踪、内容剖析、概念隐喻，再将其划分为积极进取篇、品格修养篇、为人处事篇、时政事业篇、自然实践篇、婚姻家庭篇、人性弱点篇和言谈情感篇八章。在跨文化比较研究基础上，根据其文化内涵进行中文注释和英文翻译，丰富海南方言话语体系。

从语义内容角度进行分类，有些谚语俗语的主题十分明晰。例如，"一想二做三成功，不想不做全落空""鸡吃鸡脚爪，人吃人才调""牛不教不识犁田，刀不磨就会生锈""刀子越使越亮，见识越积越多"属于积极进取篇；"人鼎沸，吃一顿；俺鼎沸，吃到够""照心做人错不远""师傅不杀头盘棋""人小人精，公小公灵，落生小落生有仁"属于品德修养篇；"近花芳，近屎臭；近坏人，不开交""敬人得人牵，敬神不相干""久久到，如新倌到；常常到，如狗上灶""砍头割胆是兄弟，同桌喝酒是闲人""没有钱银，要有话言""欲想人让侬，侬要先让人"属于为人处事篇；"岛北冻死鱼，岛南脱寒衣""海南无老虎，台风比虎强""牛岭多鬼怪，雨到此分界""天上无云就下雨，日头高高就天黑""八所生黄金，石碌生黑金""尖峰高上天，岭上有天池"属于自然实践篇；"丑丑新妇家里宝，靓靓新妇替人讨""生早仔强过发早财""一看人，二看室，三看父母幼不幼""公婆疼头孙，父母疼尾仔""七成八败九成才""人饲仔坐飞机，咱饲仔担粪箕""三咕六坐九会爬，尻脽坐稳嘴出牙"属于婚姻家庭篇；"百钱打九拳不落""吃人乜，败咱肚""寄话多，寄稟少""兄弟愿兄弟穷，婶嫂想婶嫂无裙穿""假走神，攫光银""俺丑俺不见，人丑俺纳腻""饭箸吃大，碗吃小""叫做不知，叫吃耳利""担盐都生虫""全身刀子无一把利""有米三三升，没米四处颠""三十夜晖篱鸡不肥"属于人性弱点篇；"讲得官下马，说得娘上轿""好食入肚记不久，好话落心记千年""讲嘴落嘴""自己生蛋自己唱歌""衰家胡北尾""鱼虾不来来草芥""目汁打脚姆"属于言谈情感篇。

　　但是事实上每个类别的内涵和外延都不是非此即彼、泾渭分明的，往往有较多的相互交叉，而且在具体的考察过程中，如何界定每条谚语俗语的类型也具有一定的主观性，同一条谚语或俗语从不同的角度可以划分为不同的类别，例如，"多寒天都有人下海捉鱼"既可以认为是积极进取篇，表述"不管情况多么恶劣，都有人无惧困难险阻，勇往直前"，也可以认为是自然实践篇，表述"海岛居民勇敢勤劳的地域特色"；"赚钱个，败钱千"既可以认为是时政事业篇中的买卖生意主题，表述"辛辛苦苦挣钱，收入微薄，结果一亏损却损失巨大"，也可以认为是人性弱点篇的愚笨糊涂主题，表述"得不偿失"；"毛露水湿透衣裤，时顿酒吃败家当"既可以认为是婚姻家庭篇的家庭教育主题，表述"勤俭持家"，也可以认为是言谈情感篇的规劝勉励主题，警示"挥霍无度将酿成大错"，还可以表述自然实践篇中的趋向发展主题，表述"变化与发展的趋势"，因此在进行语义内容的分类过程中，我们参考了其出现文本语境的分布情况，采取单一分类的方式，将其归入某一类中，特此说明。

五、研究内容

　　海南是汉、黎、苗、回等民族聚居的热带海岛，在长期的社会生产实践中，海南各民族都提炼出众多的民族谚语和俗语。海南闽语谚语俗语丰富多彩，中外兼收并蓄，又具有鲜明的地方特色。

　　众所周知，十里不同风，百里不同俗。由于海南特有的地理、气候、生活习俗、风土人情、社会沿革都与内地不尽相同，不了解详情的人群势必对有些谚语或俗语感到费解，因此本书不仅根据其语义内容划分为八章，而且致力于给这些谚语和俗语增加英文翻译和中文解释。迄今，还未曾有海南谚语和俗语的英文翻译。这也契合海南省全民学英语的号召，拓宽海南谚语、俗语的传播渠道，丰富海南方言话语体系，为建设自由贸易港打造良好的语言环境。

第一章　积极进取

在"积极进取"这一章节中展现了海南谚语俗语深厚的文化底蕴和地域特色，通过不同的主题表达了勤奋、勇敢、谦逊等积极的人生态度和价值追求。以下是这一章节海南谚语俗语特点的总结：

1. 励志进取：反映了海南人民积极向上，对自我提升的追求。通过励志的语言，鼓励个人不断进取，追求更高的目标。

2. 胆略见识：体现了在面对挑战和困难时，海南人民所展现出的勇气和智慧。强调了在复杂环境中作出果断决策的重要性。

3. 读书求知：突出了知识的重要性和对学习的渴望。在海南文化中，读书被视为提升个人素质和能力的重要途径。

4. 志向抱负：通过谚语俗语传达了有志者事竟成的积极心态，展示了海南人民对未来的规划和梦想。

5. 勤奋努力：反映了海南社会对勤奋价值观的推崇。认为只有通过不懈的努力，才能够实现个人的目标和梦想。

6. 勇敢坚毅：强调了在逆境中不屈不挠、勇往直前的精神。展现了海南人民面对困难时的坚强和勇敢。

7. 谦逊好学：体现了在追求进步的过程中，保持谦逊态度、乐于学习的重要性。通过这种态度，促进个人的成长和发展。

8. 持之以恒：强调了实现目标需要持续不断的努力和坚持。这一点在海南的谚语和俗语中被视为成功的关键。

9. 珍惜时间：强调时间的宝贵和对时间的合理利用。在海南文化中，珍惜时间被视为达成目标的先决条件。

这些共同构成了海南谚语和俗语在积极进取方面的丰富内涵，反映了海南人民积极向上的生活态度和价值观念。

第二章　品格修养

在"品格修养"这一章节中，深入探讨了海南谚语和俗语中个人品德的培养和精神修为的提升，体现了海南文化对人格完善和道德修养的重视。这些品质的培养和提升，是海南文化中不可或缺的部分，体现了对于个人与社会双向发展的关注。以下是对这一章节特点的总结：

1. 乐观自信：强调了面对生活的各种挑战时保持积极乐观态度的重要性。海南谚语和俗语倡导人们即使在逆境中也要信心满满，以积极的心态面对生活。

2. 自我修养：体现了个人不断提升自己，精进自我内在品质的追求。强调了修身养性、涵养德行是成就个人品格的基石。

3. 自尊自强：展示了不依赖外力，依靠自己的力量克服困难的精神。海南谚语和俗语鼓励人们在任何困难面前都要保持自尊心，通过自身的努力实现自我提升。

4. 正直无私：强调了在人际交往和社会活动中保持诚实正直、无私奉献的品德。这反映了海南文化对公正和正义的高度尊重。

5. 小心谨慎：倡导在行动前要深思熟虑，注意言行的后果，强调谨慎行事的智慧和重要性。

6. 细致踏实：体现了对工作和生活中细节的重视，以及用踏实稳健的态度对待每一件事情的价值观。

7. 良知感恩：反映了对道德良知的重视和对他人帮助的感恩心态。海南谚语和俗语鼓励人们在生活中培养同情心和感恩的情感，促进社会的和谐与互助。

8. 大智若愚：倡导的是一种深沉的智慧——在某些情况下，最明智的人会选择保持低调，不显山不露水，这既是一种处世哲学，也是一种生存智慧。

9. 穷富有时：反映了社会经济地位的不断变迁和人生的不确定性，提醒人们不应因当前的状态而气馁或自满，而应持续努力以因应未来的挑战。

这些共同构成了"品格修养"章节的核心内容，反映了海南文化中人们对于个人品德和精神境界的追求。这些谚语和俗语不仅是对个人行为的指导，也是对社会风尚的塑造。

第三章　为人处事

在"为人处事"这一章节中，展现了海南地区人们在社交、合作及个人品质方面的智慧和价值观。这些谚语和俗语不仅是对个人行为的指导，也反映了海南社会对和谐、诚信和智慧的高度重视。以下是对这一章节特点的总结：

1. 交际协作：强调了在人际交往和集体合作中，沟通与协调的重要性。海南谚语和俗语倡导通过有效的交流与合作，促进个人与团队之间的理解和支持，以实现共同目标。

2. 团结和谐：强调团结互助，海南谚语和俗语鼓励人们在面对困难和挑战时能够凝聚力量，共同克服，体现了海南人民重视集体利益和社会稳定的价值观。

3. 干练处事：展示了在处理事务时，应具备的效率和能力。强调了在工作和日常生活中，迅速、有效地解决问题的重要性。

4. 诚实守信：强调诚信为人的基本原则，反映了海南社会对诚实可靠的个性给予高度评价和尊重。这表明了在为人处世中，诚信是建立人际关系和维持社会秩序的基石。

5. 聪明能干：赞扬了在各种情况下展现出的聪明才智和解决问题的能力。这不仅体现了对个人能力的肯定，也鼓励人们在面对挑战时能够灵活应对。

6. 缜密思考：强调在作决策和解决问题时，深思熟虑和周密考虑的重要性。这表明了海南文化中对理性思考和细致规划的重视。

7. 福祸不惊：体现了一种平和的心态，即在面对各种变化和不确定性时保持冷静和坚韧。这种态度有助于个人在复杂多变的环境中稳定情绪，有效应对挑战。

这些共同构成了"为人处事"章节的核心内容，反映了海南文化在人际交往和社会生活中的智慧及其对个人品质的高度要求。

第四章　时政事业

在"时政事业"这一章节中，海南谚语和俗语覆盖了从国家忠诚、事业追求，到社会管理、经济活动、环境保护以及文化信仰等多个方面。这些谚语和俗语不仅体现了海南人民对于时政事业的深刻认识和独到见解，也反映了海南地区在社会发展、生活各个领域等方面的独特价值观和生活哲学。具体特点如下：

1. 热爱祖国：反映了海南人民对国家故土的深厚情感和忠诚。通过强调爱国主义精神，这些谚语和俗语鼓励人们为国家的繁荣和发展贡献自己的力量。

2. 事业工作：体现了对个人职业发展和工作态度的重视。海南谚语和俗语倡导勤奋工作、追求事业上的成就，强调知识文化与成功之间的联系。

3. 机构治理：反映了对社会管理和国家安全的深刻认识，同时也揭示了资源管理和国家防御的重要性。

4. 干部群众：反映了社会治理、官员行为、权力更迭等方面的传统智慧和价值观。

5. 买卖生意：反映商业活动、市场规律、人际关系及道德伦理在经济交往中的复杂性和多样性，展现在经济交易中应遵循的原则和规律。

6. 理财观念：探讨财富观念、经济行为、资金管理以及财务智慧，反映海南人对金钱、消费、借贷及财富创造的多维度理解。

7. 住宅出行：讨论住房条件和出行方式，这些谚语和俗语强调了安全、舒适生活环境的重要性。

8. 农事活动：反映了海南农业生产和农村生活的智慧。强调人与自然和谐共处，倡导可持续的农业发展和环境保护。

9. 环境保护：海南谚语和俗语中的环保意识，展现了对自然环境和生态平衡的关注，反映了人与自然和谐共生的理念。

10. 舆论信仰：这些谚语和俗语涉及社会观念和个人信仰，描述了舆论的不良导向和个人迷信观念，强调了独立思考和去伪存真的重要性。

11. 风情民俗：强调海南独有的风土人情，促进了文化多样性和民族认同，体现了对地方文化和传统习俗的尊重与传承。

这一章节的谚语和俗语展现了海南社会的复杂性和动态性，不仅提供了对社会发展各方面的深刻见解，也反映了海南人民对于生活、工作、环境和文化的深刻理解和价值取向。

第五章 自然实践

在"自然实践"这一章中，深入探讨了自然现象、气候变化、地理特征、农业实践以及哲学思维等多个方面。这些谚语和俗语不仅反映了海南人民对自然界的观察和理解，也体现了他们在实践中积累的丰富经验和智慧。具体特点如下：

1. 气象变化：通过观察天气变化，海南人民总结出与农事活动相关的经验，指导农业生产。

2. 节气时令：体现了海南人民对农历节气的认识，及其在农业、生活中的应用，强调了对自然规律的理解，指导农业生产和日常生活。

3. 名胜特产：展示了海南的自然美景和独特地理特征，强调了对地域特产的珍视和利用，促进了对本土文化的认同。

4. 实践为本：强调通过实践活动来认识和改造自然，反映了务实的生活态度和实践经验的重要性。

5. 认识本质：鼓励深入观察和思考，通过现象看本质，提高对自然和社会现象的认识水平。

6. 掌握规律：通过长期实践总结出的自然规律和生产规律，指导人们更好地适应和利用自然环境。

7. 趋向发展：体现了对自然和社会发展趋势的认识，鼓励顺应发展趋势进行生产活动和社会实践。

8. 因果相依：反映了对事物因果关系的理解，强调因果律在自然界和人类社会中的普遍性。

9. 辨析事理：鼓励对复杂现象进行分析和辨识，提高判断和决策的能力。

10. 统一对立：体现了对事物对立统一规律的认识，反映了事物之间既对立又统一的辩证关系，强调矛盾是事物发展的动力。

11. 差别差距：指出在自然现象和社会实践中存在的差异，强调针对性和差异化的处理方法。

12. 经验教训：强调从经验中学习，通过比较和反思不同情况下的经验教训，总结历史经验和教训，指导未来行动，强调经验的积累和传承。

13. 比较差异：通过比较不同事物之间的差异，更深刻地理解事物的性质和规律。

14. 得失之间：体现了在决策和行动中考虑利弊、财富得失的重要性，鼓励人们在复杂的现实条件下作出明智选择。

这些谚语俗语体现了海南人民在长期的生产生活实践中，对自然界的深刻理解和智慧，以及他们如何利用这些知识来改善生活条件和提高生产效率。海南谚语和俗语在这一领域的丰富内容，不仅是对自然环境的智慧总结，也是对人与自然和谐共处理念的传承。

第六章　婚姻家庭

海南谚语和俗语对家庭生活各方面的观察和总结，涵盖了从婚姻选择、夫妻相处到子女养育、家庭经营等多个方面，体现了海南人对于婚姻家庭的传统观念和现代价值的结合，强调了家庭和谐、健康生活、教育重要性以及社会责任感的培养。

1. 谈婚论嫁：反映了海南人在选择伴侣时的考虑因素，如品德、家庭背景和个人能力等，强调了婚姻不仅是个人的结合，也是两个家庭的联合。

2. 夫妻之间：强调了夫妻关系的和谐与相互尊重是家庭幸福的基石，同时也提到了处理矛盾和相互理解的重要性。

3. 生儿育女：体现了对子女教育的重视，包括性别平等、教育重要性以及对子女未来的期望。

4. 持家有方：涉及家庭经济管理、节俭持家等方面的智慧，强调了稳定的家庭经济基础对家庭幸福的重要支撑。

5. 家庭教育：反映了对子女教育方式和内容的关注，包括德、智、体、美、劳全面发展的教育理念。

6. 父母儿孙：揭示了家庭中代际关系的处理，如尊老爱幼、子女对父母的孝顺以及父母对子女的关爱。

7. 饮食健康：反映了对饮食文化和健康饮食的重视，体现了食物对家庭成员健康和幸福的重要作用。

8. 强身健体：强调了体育锻炼和保持良好身体健康的重要性，认为健康是家庭幸福和社会进步的基础。

9. 百姓家常：涉及家庭生活的方方面面，如日常生活习惯、家庭成员之间的相处方式等，体现了海南人对家庭生活的独到理解和深刻洞察。

10. 邻里乡亲：展现了家庭与社会的互动，强调了邻里和谐、互助共济的传统美德。

通过这些谚语和俗语，我们不仅能够洞察到海南地区丰富的家庭文化和伦理观念，也能了解到传统社会中家庭在个人生活中扮演的重要角色。这些谚语和俗语不仅是生活智慧的总结，也是文化传承和社会教化的重要工具。

第七章　人性弱点

通过生动形象的语言揭示了人性的多面性，特别是人性中的弱点和缺陷。这些谚语不仅反映了海南人民对于人性的观察和理解，而且也表达了对于个人品德、社会行为的期待和要求。

1. 贪婪自私：这些谚语和俗语不仅展现了贪婪、自私等人性的负面方面，同时也通过这些生动的例证，教导人们如何认识并克服这些弱点，以达到更和谐的社会关系和更高的个人道德修养。

2. 阴险狡诈：这些谚语和俗语通过生动的比喻和形象的描述，揭示了人性中的阴险和狡诈特点，并呼吁人们警惕和抵制这种行为，推动构建更加和谐的社会关系。

3. 凶狠霸道：这些谚语和俗语通过生动的比喻和形象的描述展示了人性中凶狠霸道的特点，不仅揭露了人性中的暴戾之气，也是对那些凶狠霸道行为的批判和警示，反映出社会对和谐、文明行为的向往和追求。

4. 高傲自大：海南谚语和俗语通过直接和比喻的方式展现了人性中高傲自负的特点，不仅揭示了高傲自大的不良心态和行为，同时也是对这种性格的批评和警示，反映了社会对谦逊、自省的人格特质的推崇和期待。

5. 好吃懒做：海南谚语和俗语生动形象地描绘了好吃懒做的生活现象，也批评了这种生活态度的不可取，鼓励人们勤劳工作，自食其力。通过这些生动的描述和比喻，传达了勤劳节俭的传统美德和对懒惰行为的警醒。

6. 无知无能：海南谚语和俗语揭示了某些人对知识和技能缺乏了解和掌握，以及因缺乏自知之明而导致的各种行为和态度。通过这些谚语和俗语，海南文化传递了对无知无能态度的批评，强调了知识和技能学习的重要性，以及自知之明在个人成长和社会交往中的价值。同时，也反映了社会对于自我提升和努力向上的期望和鼓励。

7. 愚笨糊涂：海南谚语和俗语揭示了一些因缺乏智慧、经验或判断力而导致的各种行为和结果。通过这些谚语和俗语，海南文化传递了对愚笨糊涂行为的批评，强调了智慧、经验和自知之明在日常生活中的重要性。同时，也反映了社会对于个人成长、学习和自我提升的期望和鼓励。

8. 徒劳无用：海南谚语和俗语反映出了一系列因方法不当、时机失误，或行为愚蠢而导致的无效努力和失败结果。这些谚语和俗语不仅揭示了行为的无效性，还强调了在决策和行动中必须考虑时机、方法和实际情况的重要性，从而避免无谓的努力和失望的结果。

9. 胡搅蛮缠：海南谚语和俗语反映了一种过于挑剔、不合逻辑，或强人所难的行为态度。这些谚语和俗语不仅揭示了一些人的不理性行为，也强调了在处理问题时需要合理、客观和富有远见的态度。通过这些生动形象的比喻，海南谚语传达了在生活中应避免的负面行为，以及对事物应有的正确看法和处理方式。

10. 错误缺点：海南谚语和俗语揭示了各种错误行为和人性弱点。这些谚语不仅反映了社会生活中的各种错误和缺点，也提供了对于个人行为、社会交往和心理态度的深刻洞察，同时也提醒人们在日常生活和人际交往中应注意避免这些负面行为。

11. 虚伪浮夸：海南谚语和俗语揭示了人们在社会生活中可能表现出的虚伪、浮夸及摆阔的行为。这些谚语不仅揭露了个人行为中的虚伪和浮夸现象，也反映了社会生活中的某些普遍心态和行为模式。它们提醒人们在日常生活中保持真实、谦逊和合理的态度和行为，避免陷入虚伪和浮夸的陷阱。

12. 消极懈怠：海南谚语和俗语展示了人们在日常生活中可能表现出的消极、懈怠和逃避责任的态度，提醒人们应当拥有积极主动、责任担当的生活态度，以更有效的方式面对生活中的挑战和困难。

13. 趋炎附势：海南谚语和俗语深刻地揭示了人们在面对利益时可能出现的趋利避害、攀附权势的行为特点。趋炎附势是人们在社会生活中普遍存在的一种现象，这不仅反映了人性中的某些弱点，也是社会结构和文化背景对个体行为的影响。认识到这一点，对我们在日常生活和工作中保持原则性、独立性以及批判性思维具有重要的启示意义。

14. 自作自受：海南谚语和俗语形象地揭示了一个普遍的道理，个人的行为选择往往直接影响到他们自己的福祉。这些谚语和俗语反映了一种生活智慧，提醒人们注意自己的行为，避免因疏忽或错误决策而自食其果。

15. 固执守旧：指出了拒绝变革和创新的负面影响，鼓励人们开放思想，接受新事物。

16. 欺软怕硬：揭示了某些人面对强者退缩、对弱者欺凌的双重标准。

17. 上当受骗：提醒人们在复杂社会中保持警惕，避免受骗上当。

18. 小题大做：批评了过分夸大或敏感反应的不理智行为，强调处理问题的冷静态度。

这些谚语和俗语不仅深刻揭示了人性的复杂性，同时也提供了对于如何成为一个更好的人、如何建立一个更和谐社会的深刻洞见。

第八章　言谈情感

海南谚语和俗语在描述言谈情感方面展现了丰富多样的特点，反映了人们在不同情境下的心理状态和社会行为。具体而言：

1. 赞美夸奖：海南谚语和俗语在赞美夸奖方面具有独特的表达方式和文化特色，反映了当地人民审美观念和价值观，例如，对美丽外表的重视、打扮的重要性、肤白貌美的美学观念等。通过这些简练而富有意象的表达方式，海南谚语和俗语在传承文化的同时，也传递了人与人之间的正面情感和对美好事物的追求。

2. 能言善语：这些谚语不仅描绘了言语的力量，也揭示了良好沟通背后的文化价值和社会期待，例如，吉利语的传统，明确表达的重要性，言语魅力的描述，从容不迫的沟通态度等。这些特点不仅展现了海南谚语和俗语中对言语艺术的赞赏，也反映了社会对于言语交流能力的期待和重视。可见，在海南文化中，能言善语被视为一种重要的社交技能和人格魅力的体现。

3. 规劝勉励：集中体现了传统文化中的智慧和生活哲学，强调了自立自强、诚实勤劳、谦虚节俭等美德。这些谚语不仅为人们提供了生活的指南，还传递了丰富的生活哲学和道德规范，引导人们形成正确的价值观和生活态度。

4. 批评建议：海南谚语和俗语在批评建议方面体现出了对人们行为、态度、习惯等方面的深刻洞察和独到见解。它们既含蓄地批评了不良行为，又巧妙地提出了改进的建议，体现了海南文化中独有的智慧和幽默。这些谚语和俗语不仅是对错误行为的批评和建议，也是对正确行为的肯定和鼓励，反映了海南文化对个人品德和社会行为规范的重视。

5. 争鸣辩论：反映了在处理社会关系、人际交往中的智慧和方法，强调了理性、尊重和平等的沟通态度，体现了海南文化对和谐社会的追求和对个体差异的尊重。

6. 讽刺嘲笑：通过讽刺和嘲笑的方式，对人们的行为、态度以及社会现象进行了深刻的剖析和批判，既有幽默感也有启发性，体现了民间智慧和文化的独特魅力。

7. 幻想虚言：反映了对人们不切实际的想法和行为的讽刺和批评，展示了海南谚语和俗语在社会生活中的教育和批评作用，通过幽默和讽刺的方式，对人们的思想行为进行深刻的反思和批判，旨在引导人们树立正确的价值观和行为准则。

8. 炫耀卖弄：通过生动形象的比喻和讽刺，揭露了炫耀卖弄的负面影响，同时也反映了海南谚语和俗语在社会文化中的批评和教育作用，旨在引导人们保持谦虚低调，实事求是的态度。通过这些谚语和俗语，传达了一种社会期望，即个人应以实际行动而非空洞言辞来证明自己的价值。

9. 少言寡语：描述了沉默寡言、性格内向或者选择不多言以避免冲突的人，凸显了对于沉默寡言人群的理解和表述，同时也暗示了沉默可能是一种自我保护的方式，或是个人性格的一部分。通过这类谚语和俗语，反映了社会对于不同性格人群的观察和认知，同时也表达了对这种性格特质的尊重和理解。少言寡语被视为一种性格特征，而不仅仅是沟通方式的选择，它既有可能源于个人的内在性格，也可能是对环境或情境的自我调整。

10. 贫穷没落：海南谚语和俗语中关于贫穷没落的描绘，生动反映了社会底层人民的生活苦难和社会对贫穷的不同态度。这些谚语和俗语不仅反映了海南地区对于贫穷和没落的社会态度，也揭示了在贫困中仍保持着对生活的坚持和努力。它们深刻地描绘了贫穷带给人们的苦难，同时也表达了对于通过劳动追求更好生活的希望和勉励。

11. 倒霉无奈：海南谚语和俗语中关于倒霉无奈的描绘，生动展现了人们在面对不幸和无奈时的感受和态度。这些谚语不仅表达了人们对倒霉和无奈的感受，还体现了一种对现实的接受态度和幽默感，通过幽默和讽刺的方式来减轻生活的重负，展示了海南人民在面对困难和挑战时的乐观精神。

12. 悲观难受：海南谚语和俗语中关于悲观难受的主题，描绘了人们在遭遇不幸、困境或人生低谷时的心境和处境。这些谚语体现了人们对生活苦难的直观感受和深刻反思，反映了海南人民对于人生苦难、困境遭遇和悲观情绪的深刻理解和表达，同时也蕴含着对人生复杂性和无常性的深刻认识。

海南谚语和俗语丰富的情感和思想内涵，不仅反映了海南人民的生活智慧和社会观察，也体现了他们对人性、社会和生活的深刻理解和独特见解。

第一章

积极进取

一、励志进取

通过励志的语言，鼓励个人不断进取，追求更高的目标。反映了海南人民积极向上、对自我提升的追求。

【原话】

火大没湿柴，功到事不难。

【英译】

A mighty blaze can ignite damp wood; similarly, with profound skill and effort, no task is too difficult.

【解释】

当火势强烈时，即使是湿柴也能被点燃；同理，当一个人的技能深厚、决心坚定时，任何困难的任务都能够被顺利完成。比喻功夫到家，事情就能办成功。

【原话】

火到猪脚烂，功到事必成。

【英译】

Constant effort yields sure success.

【解释】

猪脚是不容易煮烂的，必须慢火久炖才行。此句体现海南人相信功到自然成，不求一蹴而就和急功近利的人生态度。

【原话】

今旦艰苦昕旦甜，昕旦幸福靠今旦。

【英译】

Tomorrow's happiness lies in today's hard work.

【解释】

今天辛苦明天甜，明天幸福靠今天。此句表明海南人对付出和收获辩证关系的认知，只有现在辛苦付出，才能换取未来的馈赠。

【原话】

锯利不怕木粗，刀利不怕柴硬。

【英译】

A sharp saw is not daunted by thick logs, nor is a sharp knife deterred by hard wood.

【解释】

只要锯子够锋利就不怕木材粗，只要砍刀够锋利就不怕木柴坚硬。形容工具好，意志坚强，事情就能办好。

【原话】

赶做不赶吃。

【英译】

Work with zeal, eat with ease.

【解释】

美好的生活全靠劳动创造，做事业就要雷厉风行地去撸起袖子干。至于吃喝享受，则需要悠着点、低调点。这是态度问题。

【原话】

路直有人行，人直有人合。

【英译】

As people love to take a straight road, they love to make friends with an upright person.

【解释】

海南人民世居在一个相对封闭的岛屿上，秉承中华传统文化，受外界干扰较少。因此民风相对淳朴，与人为善，相信做一个正直的人才可以得到大家的信赖和敬重，并以此为为人正道。

【原话】

难字当头寸步难行，做字当头一日千里。

【英译】

If you think little of difficulties, you can get things done quickly and easily.

【解释】

做事总觉得难就做不成事，下决心去做就会一切顺利。形容把困难放大，事情就难以解决；而富有干劲，事情就快速得到解决。

【原话】

你数得天上星，我数得海里螺。

【英译】

If you can do it, I can do it.

【解释】

若你能细数天际星辰，我亦能清点海底螺。比喻别人能做到的事情，自己也能做到，体现出强烈的乐观主义精神。

【原话】

牛耳先出牛耳短，牛角后出牛角长。

【英译】

Ears of the ox emerge first yet remain short, while its horns grow long after they appear.

【解释】

早期的优势并不代表最终的胜利，随着时间的推移，后起之秀有可能超越先行者。此话提醒我们要有耐心和毅力，不要因为一时的落后而气馁，也不要因为暂时的领先而自满。

【原话】

起早不忙，种早不慌。

【英译】

The early bird catches the worm.

【解释】

早起让人有足够时间从容应对，提前准备可以避免紧张和混乱。强调了提前准备和主动行动的重要性。

【原话】

人无理想力吃懒做，人有理想越做越乐。

【英译】

Those without dreams tend towards idleness，while those with dreams find joy in their endeavors.

【解释】

没有理想目标的人整天游手好闲，无所事事，但是有理想的人坚持为梦想而奋斗，工作愈发有劲。

【原话】

三年荒进士。

【英译】

Even a distinguished scholar will falter without continuous learning.

【解释】

即使是进士，若三年不继续学习，其学识也会逐渐荒废。这警示我们必须持续进取，否则已取得的成就也会随时间流逝。

【原话】

室里有万金，不如人一日讨一升。

【英译】

Having a thousand gold pieces in the room is not as good as earning a liter of rice in a day.

【解释】

家里即使有万贯家财，也比不上别人每天都有收入。形容拥有再多的财富也不如每日持续的小收入来得实在。强调了持续发展和积累的重要性，否则可能最终一无所有。

【原话】

小时读书烂，大了能做官。

【英译】

Early dedication to studies paves the way for future success.

【解释】

幼时读书翻到烂，长大一定能做官。读书的目的是做官显然是旧时代的理念，也是官本位的反映。但此句也体现出人们对读书的重视，鼓励后代读书，期待读书改变命运。

【原话】

一想二做三成功，不想不做全落空。

【英译】

Thoughtful planning followed by action leads to success; inaction results in failure.

【解释】

先想后做就会成功，不想不做就会一事无成。形容只有先谋划再付诸行动，成功才会到来；光想不行动，一切皆空。强调实现大业需结合远见与积极行动。

【原话】

做好人扬千古，做恶人骂千年。

【英译】

Good deeds echo through eternity, while evil deeds are condemned for just as long.

【解释】

好人名扬千古，坏人遗臭万年。常用来劝人为善。

二、胆略见识

这部分谚语和俗语体现了在面对挑战和困难时，海南人民所展现出的勇气和智慧。强调了在复杂环境中作出果断决策的重要性。

【原话】

吃得咸①才担得苦。

【英译】

Those who have endured hardships can withstand difficulties and setbacks.

【注释】

①咸：盐。

【解释】

直接食用盐难以下咽，象征着直面艰难。因此，能接受"盐"的咸苦，也能承受人生的苦难。比喻只有经历过挑战的人，才能抵御更大的困难和挫折。

【原话】

穿条裤子闯天下，靠三把刀子①起家。

【英译】

Embarking with merely shorts and three essential tools, they ventured abroad to make a living as cooks, tailors, or barbers.

【注释】

①三把刀子：菜刀、剪刀和剃头刀。

【解释】

这里描述的是早期海南人去南洋谋生，主要从事一些靠手艺谋生的职业，如厨师、裁缝和理发师。

【原话】

大声过暗处。

【英译】

While walking at night, shout loudly to embolden oneself.

【解释】

指走夜路的时候，大声喊叫给自己壮胆。也可以引申为虚张声势以蒙骗过关。

【原话】

胆不大不过得牛岭①。

【英译】

Without great courage, one does not dare to cross Niu Ridge.

【注释】

①牛岭：位于海南东线高速公路万宁市和陵水黎族自治县的交界处，牛岭山脉绵延直至海边。

【解释】

指牛岭的山路艰难险峻，强调只有拥有足够勇气的人才能成功穿越，象征在面对生活中的困难挑战时，需要有勇气和决心。

【原话】

东海无鱼走西溪。

【英译】

He who cannot make a living in one place moves to another.

【解释】

以打鱼为生的人们从打鱼中学习和掌握技术活，灵活地应对困难，根据其具体情况改变策略，而不是一条道走到黑，从而取得成功。比喻当一处寻找不到机会时，转向另一处继续寻求。这反映了遇到困难时改变策略或环境寻找新出路的智慧。

【原话】

肚里有浆①。

【英译】

Talents make a great man.

【注释】

①浆：用大米磨成的水浆。

【解释】

如同水浆是制作米粉的基础，内在的才华和能力是成就伟大事业的根本。

【原话】

多寒天都有人下海捉鱼。

【英译】

However cold it is, there is always someone going fishing at sea.

【解释】

海南岛四面环海，在海边生活着许多渔民。在寒冷的冬天出海打鱼比平时更辛苦，但是渔民中总是有不惧恶劣天气坚持出海者。这就是海南人不怨天尤人、既来之则安之、勇敢进取的精神。常用于激励人们勇敢面对挑战，不畏艰难。

【原话】

鸡吃鸡脚爪，人吃人才调①。

【英译】

Chickens find food by claws while humans make a living by skills.

【注释】

①才调：本事。

【解释】

鸡凭借脚爪觅食，人则依靠才能生存。这句话强调了每个人都应利用自己的特长和能力，如同"八仙过海，各显神通"一般，展现各自的本事。

【原话】

近海识鱼，近山识鸟。

【英译】

Living near the sea breeds knowledge of fish, just as closing to the mountains familiarizes one with birds.

【解释】

海南有山有海，资源丰富，不乏山珍和海味。世居靠海的人，对鱼类较了解；住在山里的人，则对禽类了解得更多。这些知识和当地的生活环境密切相关，也是人们热爱生活、积极生活的见证。

【原话】

老鹰敢入白云，坡鹿敢闯山林。

【英译】

Eagles soar through clouds, and deer venture into forests, showcasing the courage of the skilled.

【解释】

老鹰敢在白云里飞翔，坡鹿在山林穿梭自如。形容技艺高超者拥有非凡的勇气和胆量。

【原话】

路多黑都有人行。

【英译】

No matter how dark the road is, there are travelers.

【解释】

无论夜晚多暗，总有行路人。形容无论途径多么困难险阻，总有人尝试挑战。同时象征着无论遇到何种困境，总存在着解决之道。

【原话】

人无远虑，必有近穷。

【英译】

Lack of long-term vision leads to immediate difficulties.

【解释】

强调未能进行长期规划的人很快就会面临问题和挑战。建议人们应有远见，避免只看眼前的利益得失，与"人无远虑，必有近忧"意思相近。

【原话】

树高好遮风，室大好放粮。

【英译】

Tall trees break the wind, and large houses store ample grain.

【解释】

大树能挡风，大房子能存储更多粮食。表明规模大的事物自有其优势和益处。

【原话】

无忌无论，定发大运。

【英译】

Fearlessness paves the way to great fortune.

【解释】

做事不畏惧好坏，好运伴随。一方面，由于历史的局限性，海南人民长期遵守古法，例如，相信盖房动土、结婚成亲、出海捕鱼，甚至造灶等，都要请风水先生或民间道士择吉日良辰，才能逢凶化吉、吉祥如意。这都是中华传统，海南人深信笃行。另一方面，海南人在长期的生活和实践中，也发现并非事事都需要拘泥传统做法，也有根据实际情况与时俱进、打破成规的勇气，从而不怕天不怕地，相信移风易俗，放下包袱撸起袖子干，才能改变命运。因此，海南人的思想，既是传统的，又是现代的。

【原话】

小小藤蔓缠大树。

【英译】

Even slender vines can entwine mighty trees.

【解释】

指细小的藤蔓也能缠绕大树。形容即使是弱者也能对强大的对手产生影响，赞扬了不可小觑的勇气和弱者对强者的潜在影响力。

【原话】

有才调驳食①在外，没本事室边钻。

【英译】

Those with talent seek opportunities afar, while the inept linger close to home.

【注释】

①驳食：谋生。

【解释】

能力强者远行谋生，寻求更大的机会，而没有本事的人不敢外出谋生，天天徘徊在家门口。形容艺高人胆大，敢于外出谋生，而无能者则待在家里，不思进取。

【原话】

有理多远都去到，无理寸步难行。

【英译】

With justice on your side, you can go anywhere; without it, you can't take a step.

【解释】

正义和合理性可以为前行铺平道路，而缺乏这些则无法前进。

【原话】

壮志不在年高。

【英译】

Great ambitions are not confined by age.

【解释】

指英雄不问年龄，少年亦可有远大志向。

【原话】

卒子过河大过车。

【英译】

Crossing the river transforms the pawn into a force mightier than the general in Chinese chess.

【解释】

在象棋中，一旦卒子过河，其潜力激增，能够横扫三方而不仅仅是前进，象征着面对挑战后的成长与力量。过河卒子由弱变强，暗喻即使出身低微，只要肯努力，负重前行，冲破阻碍向前走，自身的价值就可以产生质变，改变人生。这句俗语告诉人们脚踏实地、舍得付出，就可以大展拳脚，改变命运，走向成功。

三、读书求知

在海南文化中，读书被视为提升个人素质和能力的重要途径。突出了知识的重要性和对学习的渴望。

【原话】

百岁经不常。

【英译】

One is never too old to learn something new.

【解释】

即使活到100岁，也会碰到不懂的事情。海南是长寿之乡，但是生有涯而知无涯。生命再长，也无法经历所有的事情，总有不能明白的道理。而且新问题、新困难、新挑战不断出现，如何去接受、去克服、去解决呢？这句俗语提醒人们永远做一个谦虚的人，勤于学习、研究、实践和探索，活到老学到老，奋斗到老。

【原话】

不识书穷三代①。

【英译】

Illiteracy breeds poverty across generations.

【注释】

①三代：多代。

【解释】

不上学接受教育将导致几代人面临贫困，强调了接受教育对于打破贫困循环的关键作用。

【原话】

赌钱人人骂，读书人人赞。

【英译】

Reading earns praise, while gambling draws disdain.

【解释】

赌博只会引得众人嘲笑讽刺，而勤奋学习则赢得大家赞赏。形容不同的个人行为导致优劣的社会评价。

【原话】

黑黑的是字，白白的是纸，我不识字，字不识我。

【英译】

In the world of black ink and white paper, words remain strangers to those who cannot read.

【解释】

描述了文盲对文字的陌生感，强调了识字的重要性和文化的价值。

【原话】

黄金不比黑金①贵。

【英译】

Knowledge outvalues gold.

【注释】

①黑金：指用墨写的字，泛指文化知识。

【解释】

黄金是有价之至宝，而知识却是无价之至宝。这句俗语鼓励人们重视文化教育，提醒子孙后代不要短视，不要只看到眼前的经济利益，而放弃了知识学习的长远利益。

【原话】

家存万书可教子，家有万金常招祸。

【英译】

Millions of books raise scholars, while an abundance of wealth often brings misfortune.

【解释】

拥有丰富的书籍能够培养孩子的学识和品德，而过多的财富可能导致问题和灾难。强调知识的价值远超物质财富。

【原话】

三个为什么，先生①走上阁。

【英译】

Many whys make a teacher walk away awkwardly.

【注释】

①先生：老师。

【解释】

学习时的反复追问，老师无法回答想躲入阁楼，象征知识的深广，即便导师亦需不断探求。强调了学习和探索的永无止境。

【原话】

圣贤①诗书②深过海。

【英译】

The classics of the Confucius or the Mencius are profounder than the ocean's depths.

【注释】

①圣贤：指以孔子、孟子为代表的圣人。

②圣贤诗书：指孔子和孟子等圣人撰写的四书五经、古文经典。

【解释】

孔孟等圣贤的著作深奥无穷，如同海洋般浩瀚，强调了经典文学和哲学的深邃与价值。

【原话】

书中自有黄金屋，书中自有颜如玉。

【英译】

Reading brings us wealth and beauties.

【解释】

学习不仅能够带来物质上的富裕和社会地位的提升，还能吸引佳人，象征学识和才能的重要性。

【原话】

水不流会臭，船不补会漏，人不学就落后。

【英译】

Stagnant water becomes foul, an unmended boat will leak, and those who do not learn fall behind.

【解释】

水需流动以保持清新，船需修补以防渗漏，人需不断学习以避免落伍。强调动态维护和持续学习的重要性。

【原话】

万般皆下品，只有读书高。

【英译】

In all pursuits, learning holds the highest esteem.

【解释】

古时视各行各业皆不及学问之高贵，唯有学术与进入仕途方被视为尊贵之路，凸显了读书学习的至高无上价值。

【原话】

有边①读边，没边读上下。

【注释】

①有边：偏旁。

【英译】

A word's pronunciation can be predicted by its phonetic radical part.

【解释】

借用汉字方块字的特点，描述了一种传统的解读汉字发音的技巧，即通过汉字的偏旁部首来推测其发音。

【原话】

有了满腹才，不怕运不来。

【英译】

With knowledge and wisdom, one need not fear the absence of opportunities.

【解释】

一旦掌握了知识与智慧，即便机遇暂时不来，也无须担忧。强调才能是良好境遇和成功的前提条件。

【原话】

有字在肚，日头①不怕借，夜头②不怕偷。

【英译】

Knowledge is the most precious treasure of all things, because it can never be given away, nor stolen day or night.

【注释】

①日头：白天。

②夜头：夜晚。

【解释】

自己的学识无论在何时都不会被借走或偷走。强调知识是无法被借走或偷走的财富，表达了学识的稳固价值。

四、志向抱负

这部分谚语和俗语传达了有志者事竟成的积极心态，展示了海南人民对未来的规划和梦想。

【原话】

不怕学问浅，就怕志气短。

【英译】

Fear not the shallowness of knowledge，but the shortness of ambition.

【解释】

普通人的智力差别不会很大，但是意志力差别却很大。有志气的人，其意志力很强，表现在学习与做学问上，就是勤奋好学，锲而不舍。所以，有志气的普通人可以依靠发奋用功而获得超过一般人的学问。

【原话】

好花在春天，立志在少年。

【英译】

Just as flowers flourish in spring，ambitions are best formed in youth.

【解释】

春天是花朵盛开的季节，年轻时期是树立目标和抱负的最佳时机。强调在青年时期立下志向。

【原话】

花盆长不出参天树，庭院练不出千里马。

【英译】

A smooth sea never made a skillful mariner.

【解释】

一棵小树在花盆里是长不大的，只有扎根于大地，经过风吹日晒雨淋，才能长成参天大树；一匹马如果不在大草原上驰骋，那么它就不会成为千里马。象征着环境限制了生长和发展的潜力。强调了面对挑战和拥有足够空间的重要性，以促进个体的成长和成功。

【原话】

火争烟，人争气。

【英译】

Just as fire fights to produce smoke，people strive to prove their worth.

【解释】

烧火冒烟，人争一口气。比喻人应像火一样努力展现自己的价值，勇于追求卓越，不应消极度日。

【原话】

年怕中秋月怕半，男儿立志在少年。

【英译】

Youth must forge their ambitions early, as time waits for no one.

【解释】

中秋节的到来标志着年份已过多半，月亮圆缺象征时间的流逝。强调了在青年时期就应该确立目标，抓住时间，避免将来后悔。

【原话】

宁愿身寒，不可心寒；宁愿人穷，不可志穷。

【英译】

Better to endure physical hardship than to let one's spirit grow cold; better to live in poverty than to be impoverished in ambition.

【解释】

身体的苦难比不上心灵的冷漠，物质的贫困不如志向的匮乏更为可怕。强调了在逆境中保持坚韧不拔的精神和远大志向的重要性。

【原话】

人老心不老，人穷志不穷。

【英译】

Age does not weary the heart, nor does poverty diminish ambition.

【解释】

无论年龄如何增长或经济状况如何困难，一个人的精神与抱负都不受影响，强调了内心的年轻与志向的坚定不可被外界条件所动摇。

【原话】

人无大志，枉过一世。

【英译】

A life without ambition is a life unfulfilled.

【解释】

暗示缺乏远大志向的生活等同于没有意义的存在，强调了有目标和理想的重要性。

【原话】

愿做千里马，不做槽里猪。

【英译】

One would rather be a horse running on the grassland than a pig in a foul sty.

【解释】

宁愿做一匹驰骋千里的马，也不愿做一只圈中猪。形容志在四方，要闯出一番事业，也不愿意寄人篱下，接受嗟来之食。

【原话】

竹有节，人有志。

【英译】

Just as bamboo stands with integrity, so should people with ambition.

【解释】

竹子的可贵在于有气节，人的可贵在于有志气。比喻人应拥有像竹子一样坚韧不拔的气节和高尚的品质，强调了志向与品德的重要性。

五、勤奋努力

这部分谚语和俗语反映了海南社会对勤奋价值观的推崇。认为只有通过不懈的努力，才能够实现个人的目标和梦想。

【原话】

不学菠萝百只眼，欲学芭蕉一条心。

【英译】

Don't act like the pineapple with hundreds of eyes; strive to be wholehearted like the banana with one unified heart.

【解释】

做事情不要像菠萝一样多心，而要像芭蕉一样一心一意。告诫人们在追求目标时应专注一致，避免分心，象征专一的决心比分散的注意力更为重要。

【原话】

牛不教不识犁田，刀不磨就会生锈。

【英译】

Without training a cow, it won't learn to plow the field; without sharpening a knife, it will become dull.

【解释】

牛不经过驯化是不会耕田的，刀若是长时间不磨或不用就会生锈。强调无论是技能还是知识，都需要通过不断的学习和练习来维持和提升，否则就会像未使用的刀具一样逐渐失去其价值。

【原话】

人不可有的是病，人不可无的是勤。

【英译】

Illness is unwanted, while diligence is indispensable.

【解释】

生命中，疾病是避之不及的苦楚，而勤勉则是通往富足的必经之路。强调了健康的重要性以及勤劳带来的益处。

【原话】

人勤地开，人惰地闲。

【英译】

Hard work makes a good harvest while idleness brings barrenness.

【解释】

人只要辛勤劳动，土地就有好收成；人若懒惰，田地就荒芜。奉劝人们要勤劳致富。

【原话】

伸手吃不长，动手吃不了。

【英译】

Begging for food won't sustain you, but industrious efforts lead to abundance.

【注释】

指依赖他人施舍，如同乞讨，不一定会取得成功，而积极主动地努力工作却能带来富裕的生活。海南人民相信劳动创造一切，只有通过劳动才能丰衣足食。这最朴素的认知使他们对劳动有着最正确的理解和尊重，因此以劳动为荣，以懒惰为耻。

【原话】

闲时磨刀急时用。

【英译】

Sharpen your axe in leisure; it will be ready for use in times of urgency.

【解释】

人们在闲暇时做好准备，以备不时之需。比喻在空闲时间学习技能，以备将来在紧急情况下发挥作用。

【原话】

一日捉鱼一日吃，一日种菜百日摘。

【英译】

Catch fish one day, eat for a day; plant vegetables one day, harvest for a hundred days.

【解释】

一天打鱼能满足一天的伙食，菜种播种下去却能满足多日的饮食。说明劳动和效率不是绝对的，亦指自力更生、勤劳致富的道理。

【原话】

愈做愈有。

【英译】

The harder you work, the more you gain.

【解释】

只要持续努力，就会获得更多的成果和收益，强调坚持不懈、持之以恒的重要性。这句话常被用来激励他人勤奋工作，预示着随着时间的推移，生活将变得越来越丰富充实。

六、勇敢坚毅

这部分谚语和俗语展现了海南人民面对困难时的坚强和勇敢。强调了在逆境中不屈不挠、勇往直前的精神。

【原话】

不惜颜容①将命搏②。

【英译】

He spares no effort, even at the risk of his life, in his pursuit of excellence.

【注释】

①颜容：身家性命。

②搏：拼、努力的意思。

【解释】

不计后果，以生命为赌注去追求卓越的决心和勇气，体现了极致的奋斗精神和牺牲精神。

【原话】

船不到港，不知谁捉鱼多。

【英译】

Only when the ships dock can we see who has the largest catch.

【解释】

谁的捕鱼量多，只有等船停靠港口才能一决胜负。形容不以一时的得失论英雄，而是坚持到最后，奋斗到最后，才能真正看到各自的成功程度。

【原话】

大海不怕雨水多，好汉不怕困难多。

【英译】

Just as the sea welcomes more rain, a true hero faces difficulties without fear.

【解释】

大海不怕雨水多，因为本身容积大；而好汉不怕困难多，因为他们勇于接受挑战。比喻无论困难多大，勇者总是勇于面对，体现出坚韧的精神。

【原话】

你做初一，我做十五①。

【英译】

An eye for an eye and a tooth for a tooth.

【注释】

①根据习俗，海南乡民在农历初一和十五或初二和十六都会到公庙拜公祈福，与"你做初二，我做十六"的意思相同。

【解释】

形容以牙还牙，不善罢甘休。

【原话】

三日肩头四日脚。

【英译】

Endurance turns pain into strength.

【解释】

挑担时，头两天会觉得很痛，到第三天就慢慢好了。走路也一样，走得多脚力就有了。形容通过日复一日的努力，最初的痛苦和不适会转变为力量和耐力，象征着通过持续的努力能够达到成功。

【原话】

吃过黄连①苦，才知蜂糖甜。

【英译】

Bitter experiences enhance the sweetness of joy.

【注释】

①黄连：多年生草本植物，根茎可入药，味极苦。

【解释】

品尝过黄连的苦，才晓得蜂蜜的甘甜。这个俗语也让人领悟先苦后甜的人生哲学。天上不会凭空掉下馅饼的，生活的美好都是依靠辛苦的劳作换来的。所以只有吃得苦中苦，才可以有机会享受生活的甜蜜。

【原话】

只要船板硬，不怕浪来颠。

【英译】

With a well-built ship, no wave can unsettle us.

【解释】

只要船板足够坚硬，就不怕大风大浪。描述了坚不可摧的信念，无论面对怎样的困难和挑战，都有信心和勇气去面对和克服。

七、谦逊好学

这部分谚语和俗语体现了在追求进步的过程中，保持谦逊态度、乐于学习的重要性。通过这种态度，促进个人的成长和发展。

【原话】

包子有肉，不在皮上；人有学问，不挂嘴上。

【英译】

True wisdom is not flaunted.

【解释】

包子的肉馅不浮于表面，有学问的人不整天吹嘘自己。形容真正的智慧和学识是内在的，不需要外在的炫耀。强调做人要谦虚，不显摆。

【原话】

吃世上，拾①世上。

【英译】

Custom is the guide of the ignorant.

【注释】

①拾：借鉴。

【解释】

生活中，通过观察和学习他人的优点，我们可以更好地理解和适应这个世界。强调要做一个善于观察的人，取长补短。

【原话】

九十九岁也要问百岁人。

【英译】

One is never too old to learn.

【解释】

即使年纪很大也要向长辈、有经验的人请教。强调不论年龄多大，总有学习的空间，倡导终身学习的态度和谦虚求教的重要性。

【原话】

路在嘴上。

【英译】

Asking is the key to finding your path.

【解释】

去陌生的地方不认路，只要大胆向当地人求教问路，就能找到要去的地方。形容通过提问寻求帮助是解决问题的有效方法，鼓励在面对未知和困难时主动寻求解答。

【原话】

识字不亮文，识功不亮拳。

【英译】

Scholars don't show off their knowledge, nor do masters show off their martial arts.

【解释】

学者不显摆自己的文章，武功高强的人不轻易崭露手脚。描述了无论学识还是技艺，真正的高手都是谦逊的，不以自己的能力去夸耀或贬低他人。形容为人谦虚，不显摆。

【原话】

输棋不输品，赢棋不赢人。

【英译】

Whether win or lose a game of chess, you accept it with a good grace.

【解释】

输棋不能输掉人品，赢了棋也不能盛气凌人，指下棋要有棋德。强调无论在竞争中是赢还是输，都应保持个人的修养，显示了高尚的人格魅力和对对手的尊重。

【原话】

为人不必争高见，见人高见让予人。

【英译】

One should not compete for superiority in views; when encountering someone with greater insight, graciously yield to them.

【解释】

在见识或能力上遇到更高者时主动让步，体现了一种谦逊的生活哲学，强调谦让的美德。

【原话】

无牛拖车用马替。

【英译】

The horse can be a substitute for the oxen to pull carts.

【解释】

在没有牛拉车的情况下，只能找马来替代。指在缺少理想条件时，可用备选方案应对。这句话常用来表达自谦，即使在被赋予重要任务时也保持谦逊。

【原话】

有样看样，没样看世上。

【英译】

Custom is the guide of the behavior.

【解释】

为人处世，身边有榜样就向他们学习，没有就向社会上的智者学习。说明在缺乏直接榜样时，应从社会大众中汲取智慧和行为准则，强调学习和模仿优秀行为的重要性。

【原话】

欲做先生，先做学生。

【英译】

To be a teacher, one starts from a student.

【解释】

在成为教师之前，必须先是一个不断学习和提升自我的学生，倡导终身学习的重要性。

八、持之以恒

这部分谚语和俗语强调了实现目标需要持续不断的努力和坚持。

【原话】

刀磨久不利也白。

【英译】

The blade gleams after long hours' grinding even if it is not sharp.

【解释】

刀磨久了即使不锋利也会发亮。比喻持续的努力最终会体现出来，哪怕未达到最佳状态，也会有显著进步。

【原话】

刀子越使越亮，见识越积越多。

【英译】

The more you use a knife, the sharper it becomes; the more experience you accumulate, the wiser you become.

【解释】

刀子时常使用就变得更加光亮，持续学习学识就越渊博，即通过不断地实践和学习，技能和智慧会得到提升和增长，强调了实践和经验积累的重要性。

【原话】

石姆①浸久也生青苔。

【英译】

Even stones, with enough time in water, will sprout moss.

【注释】

①石姆：石头。

【解释】

石头浸泡在水中久了，也会长出青苔。形容持久的努力和坚持，即便在最不起眼的地方，也能孕育成就，强调了时间和持续努力的价值。

【原话】

事无三①不成。

【英译】

Success often follows multiple attempts.

【注释】

①三：表示多次。

【解释】

做事不经历多次奋斗不会成功。比喻事业不经过多次奋斗，不会轻易成功。成功往往是在多次尝试和失败后获得的，鼓励不断尝试直至达成目标。

【原话】

送人送过溪，帮人帮到底。

【英译】

Help someone all the way through difficulties.

【解释】

指全程帮助某人直到克服了困难。劝告帮助别人，做好事的时候不要半途而废，帮到一半就不帮了。

【原话】

要学蜂仔勤到老，不学毛露水一时干。

【英译】

Emulate the bee's lifelong diligence, not the dew's fleeting presence.

【解释】

要学蜜蜂勤勤恳恳一辈子，采花酿蜜不辞辛苦，不要像露水一样太阳出来就消失。比喻持续不懈的努力和勤奋，像蜜蜂那样不断工作，而不是短暂存在后迅速消失。强调了持久奋斗的重要性。

【原话】

一锄挖不成口井。

【英译】

A single dig does not make a well.

【解释】

只是挖一锄头是不可能挖出一口井的。指事物发展有个过程，不可能一蹴而就，同"罗马非一日建成"的意思。强调成功和成就是持续努力和时间积累的结果，鼓励耐心和持续的工作。

【原话】

有心打石①石成砖，无心打石石滑溜②。

【英译】

Where there is a will, there is a way.

【注释】

①打石：将石料加工成各种产品，比如，石块、碑文、佛像、石桥、石门等。

②滑溜：椭圆形或圆形。

【解释】

指专心打石头才能打好，无心打石头，就打磨不出想要的形状或作品。形容做事要耐心，要持之以恒，同"精诚所至，金石为开"的意思。说明了目标明确和专注努力能够转变无形为有形，而缺乏决心则一事无成。强调了决心和持续努力的重要性。

九、珍惜时间

这部分谚语和俗语强调时间的宝贵和对时间的合理利用。在海南文化中，珍惜时间被视为达成目标的先决条件。

【原话】

哎哎哎①，过一代。

【英译】

How time flies!

【注释】

①哎哎哎：感叹词。

【解释】

一晃眼几十年就过去了。形容时光飞逝，人生易老，而很多事业来不及去做，很多美好梦想来不及实现。此俗语忠告人们活在这个世界上，应当珍惜光阴，砥砺前行，努力奋斗，不负韶华，不留遗憾。

【原话】

稻怕清明①风，人怕老来穷。

【英译】

Rice fears the winds at Qingming, as people fear poverty in old age.

【注释】

①清明：指清明节气。

【解释】

水稻忌清明时节大风天气的影响，清明期间正值水稻开花抽穗，如遇大风摧残，将严重影响收成，甚至颗粒无收。人年老体衰时，精力、健康和智慧都持续变差，那么这个阶段再缺钱就很悲哀了。比喻早期的预防和准备能避免未来的不幸，强调适时行动和预备的重要性。

【原话】

年过中秋，人过半百。

【英译】

How time flies!

【解释】

一年的时光已过中秋，人也过半辈子了。此俗语奉告人们珍惜青春时光，早做规划，及时奋斗，否则时间不等人，白了少年头，就只剩下遗憾了。

【原话】

人生一世，草生一春。

【英译】

Human life spans but a single existence, akin to grass thriving for just one spring.

【解释】

人的一生就像小草一样，然而小草每年春天都会重生，但人的生命却只有一次。它强调了生命的短暂和宝贵，提醒人们珍惜每一天，活在当下，善待自己和他人。同时，提醒人们不要虚度年华，而应充分利用有限的时间。

【原话】

日头抓鸟雀，夜头赶牛耕。

【英译】

An idle youth, a needy age.

【解释】

白天去抓鸟玩，晚上才耕地，指把本应该先做的事情留到后面才做。这句话常用来教育孩子要好好读书，不要荒废好时光。

【原话】

水冲路上土阻隔，光阴去无乜阻卡。

【英译】

While soil can halt water's flow, time eludes all barriers.

【解释】

水在地上流淌还有土挡着，但是时光流逝是没有什么可阻挡的。强调了时光的不可阻挡性，呼吁人们认识到时间的宝贵并妥善利用每一刻。

【原话】

讨食①趁月光，过了无路问。

【英译】

Opportunity comes only once.

【注释】

①讨食：谋生。

【解释】

人的一生当中，机不可失，时不再来。此俗语提示人们趁天时地利人和，主动出击，创造美好人生。

【原话】

天光不起误一日的事，小时不学误一生的事。

【注释】

①天光：天亮。

【英译】

Seize the day, for fleeting youth never returns.

【解释】

天亮了不起床耽误一天的行程，幼时不好好学习就耽误一生。形容要珍惜时光，早起勤学，否则殃及一生。比喻时间的宝贵与学习的重要性，未能在年轻时把握学习的机会将影响一生。

第二章

品格修养

一、乐观自信

这部分谚语和俗语倡导人们即使在逆境中也要信心满满，以积极的心态面对生活，强调面对生活的各种挑战时保持积极乐观态度的重要性。

【原话】
矮仔多窍。
【英译】
A little body often harbors a great soul.
【解释】
表明身材虽小，但智慧和策略丰富，强调不可小觑外表下的能力。

【原话】
红花不怕日头晒，日头愈晒花愈红。
【英译】
Sun's blaze deepens the red flower's hue.
【解释】
指红花不怕太阳晒，太阳越晒花色越红艳。象征在逆境中不仅不畏惧，反而更加茁壮成长，展现坚韧不拔的精神。

【原话】

黄猄过得，狗也过得。

【英译】

If it's possible for one, it's possible for all.

【解释】

如果黄猄能过得去，狗也能过去。此俗语鼓励人们积极进取，不落人后。芸芸众生，别人通过努力能够做到的事，我们也可以通过自己的努力做到。

【原话】

浪再高，也在船底；山再高，也在脚底。

【英译】

No wave too high, no mountain too tall, to conquer.

【解释】

无论面临多大的挑战，只要有决心，所有困难都能跨越，凸显了自信和坚持的力量。

【原话】

皮黑就黑，求得肚饱眼见路。

【英译】

Dark skin or not, what matters is a full belly and clear sight.

【解释】

海南地处热带，海南人大多皮肤黝黑。当被别人嘲笑皮肤黑时，就说："皮肤黑不怕，只要肚子吃饱，眼睛看得见就行了。"这体现了海南人的乐观精神。无论外表如何，生活的满足和目标的清晰才是最重要的，强调了内在价值和积极生活态度的重要性。

【原话】

乞丐都有三年运。

【英译】

Fortune finds everyone at some point.

【解释】

即使是乞丐也有走运的时候，强调即使在最不利的情况下也有成功的可能。形容天无绝人之路，世上没有跨不过的坎。

【原话】

人小人精，公小公灵，落生小落生有仁。

【英译】

Size doesn't define worth; even the smallest beings can possess great value.

【解释】

指别小看个子小的人，他们很精明；别小看奉供在小庙里的小神灵，他们能帮助实现愿望；花生虽小但是有种。因此，做人不可悲观，不应妄自菲薄，而要扬长避短，发挥自身优势，使人生精彩。

【原话】

山高自有行路客，水深自有使船人。

【英译】

For every high mountain, there's a climber; for every deep water, a navigator.

【解释】

即使山峰高耸入云，也有勇攀高峰的人；即使水深莫测，也会有无畏的摆渡人。表明无论面对怎样的困难或挑战，总会有人勇于面对和克服，展现了人类面对挑战的积极和乐观态度。

【原话】

山有多高，海有多深。

【英译】

Just as mountains reach high, the sea runs deep.

【解释】

大山有大山的高度，大海有大海的深度。形容每个人或事物都有其独特之处和价值，无须相互攀比。

【原话】

水洗乜都洁。

【英译】

Water cleanses all.

【解释】

水能清洗污渍，指人应有机会改正过错。

【原话】

睡在椰壳①里脚都直。

【英译】

Even in a coconut shell, one can stretch out comfortably.

【注释】

①椰壳：旧时物资匮乏，人们将椰子壳除去皮和果肉，用于舀水、斗米。

【解释】

即使睡在碗口那么大的椰子壳里，脚都可以伸直。形容即使在极其简陋或有限的空间条件下，也能保持乐观和满足的心态。比喻即使环境有限，也能知足常乐，找到舒适之处。

【原话】

天生人，天饲人。

【英译】

Nature nurtures and sustains.

【解释】

造物者造人，自有其生存之道。此俗语提醒人们相信车到山前必有路，没有跨不过的坎，体现海南人的乐观主义精神。

【原话】

田螺无足都讨食①，蛤仔②无毛年过年。

【英译】

Without feet, snails find themselves food; without fur, frogs survive year by year.

【注释】

①讨食：谋生。

②蛤仔：小青蛙。

【解释】

田螺没有脚照样可以生存，不会饿死；小青蛙没有毛发，同样年年没有被冻死。形容海南人乐观对待生活的精神。

【原话】

瞎夜①鸡仔啄到虫。

【英译】

Even a blind chick may chance upon a worm.

【注释】

①瞎夜：瞎眼，亦指眼睛在黑夜里看不到东西。

【解释】

指瞎眼的小鸡仔碰巧啄到虫子。暗示即使在不利的情况下，也可能意外地遇到好运，强调运气的偶然性。

【原话】

瞎夜强过死。

【英译】

Being blind is better than being dead.

【解释】

即使眼睛失明了，但是只要活着就好。形容即使失去了某些能力，生命本身的价值依然重大，体现了对生命的肯定和乐观态度。

【原话】

哑子有哑子窍。

【英译】

Every silent voice has its own wisdom.

【解释】

每个人，无论条件如何，都有其独到之处和解决问题的能力，鼓励认识到每个人的潜能和价值。

【原话】

燕鸟①无钱住格室。

【英译】

The swallow has no money but can live in a grand house.

【注释】

①燕鸟：燕子，常在房檐下衔泥筑巢。

【解释】

燕子虽然没钱，但都是选择优良木材的屋檐下垒窝居住。描述了燕子选择安家地点的天然鉴赏力。比喻即使无财产，也能享有美好的生活，突出了天赋和机遇的重要性。

【原话】

有米不怕无水煮。

【英译】

Where there is life, there is hope.

【解释】

有大米就不怕没有水来煮熟。强调只要保持最基本的生存条件或资源，总能找到解决问题的方式，体现了乐观和解决问题的态度。

【原话】

众人的海，个人的彩。

【英译】

The sea belongs to all, but fortunes differ.

【解释】

指谁都可以出海打鱼，但是每个人的运气是不一样的，收获也不同。说明尽管机会对所有人开放，但个体的运气和结果各不相同，强调了机遇和个人努力的重要性。

二、自我修养

这部分谚语和俗语体现了个人不断提升自己，精进自我内在品质的追求。强调修身养性、涵养德行是成就个人品格的基石。

【原话】

多种花，少种刺，留下人情好办事。

【英译】

Plant more flowers, fewer thorns; foster good relationships to make things easier.

【解释】

平时多种花，少种刺，为人和善，事情好办。形容要与人为善，讲和气，少闹矛盾，为人处世积极乐观，会得到更多的朋友。

【原话】

讲话顺人心，做事循天理。

【英译】

Speak with kindness, act with integrity.

【解释】

在交流和行动中应考虑他人感受，遵循正义和道德原则，倡导一种以诚相待、公正行事的生活态度。

【原话】

目不见为洁，耳不听为净。

【英译】

Out of sight, out of mind.

【解释】

眼不见，心不烦。说明不接触或不关注可能引起烦恼的事物，可以保持内心的平静和清净。

【原话】

钱不能用绝，话不能说绝，事不能做绝。

【英译】

Never exhaust your funds, be absolute in speech, or act without restraint.

【解释】

指花钱、说话、做事等等都要留有余地。无论是经济管理、言语交流还是行为举止，都应持有节制和预留空间的原则，这种自我控制和预见性是高尚品德的体现。形容万物皆有度，懂得收敛，才能无往而不利。凡事留有余地，是一个人最好的修养。

【原话】

人靓带斯文，人丑带损秃。

【英译】

Beauty carries grace, while plainness may seem less refined.

【解释】

人长得漂亮，显得斯文可爱；人长得丑，则显得粗俗不堪。形容外貌给人们带来不同的印象。

【原话】

人笑俺得烧①。

【英译】

Be yourself in spite of others' ridicule.

【注释】

①烧：热，即温暖。

【解释】

寒冷的冬天里，自己穿衣服多而被别人耻笑，但是身体很暖和。形容虽然别人笑话自己，自己却得到益处。突出了外观对人们印象的影响力，同时提醒人不应以貌取人，因为品质和行为才是判断一个人价值的关键。

【原话】

说你长处不用笑，说你短处不用跳。

【英译】

Embrace praise with humility and criticism with grace.

【解释】

别人称赞，不必太过于高兴；别人嘲笑，也无须理会，一笑置之。形容无论别人的好坏评价都宠辱不惊，淡然处之。强调以平和的心态对待别人的评价，无论是赞美还是批评，体现成熟的个性和处理事物的智慧。

【原话】

只怕人劫身，不怕人劫室。

【英译】

Fear only being robbed of your life, not of your house.

【解释】

与失去财物相比，人身安全的威胁更为严重。强调人身安全比财产安全更为重要。

【原话】

字怕吊，人怕臭。

【英译】

Just as a poorly written calligraphy fears being displayed, a person fears acquiring a bad reputation.

【解释】

一旦书法作品被展示，其缺陷无处隐藏。同样，人若名声扫地，则难以自洁。此俗语忠告人们，要做一个品格高尚的人，不做品德败坏的人。

三、自尊自强

这部分谚语和俗语鼓励人们在任何困难面前都要保持自尊心，通过自身的努力实现自我提升。展示了不依赖外力，依靠自己的力量克服困难的精神。

【原话】

不怕别人看不起，就怕自己不争气。

【英译】

The real concern should not be others' disdain, but our own lack of effort and ambition.

【解释】

不为他人的看法所束缚，而是要积极主宰自己的人生，勇敢地追求自我价值。形容不要生活在别人的眼光和言论里，要敢于支配自己的生活，勇于创造自己的世界。

【原话】

不笑破，不笑烂，只笑不洗与不换。

【英译】

Wearing clothes that are old but clean invites no ridicule, whereas wearing those that are dirty and neglected does.

【解释】

旧衣若保持清洁，则不成笑资；反之，因懒惰而既脏又旧的衣物，才真正令人不齿。体现了贫穷不足羞，唯有懒惰最可耻。

【原话】

靠别人扶，行不长路。

【英译】

Dependence on others can never go a long way.

【解释】

依赖他人的帮助，难以走出长远之路。形容依赖他人仅能带来短暂的支持，长期而言，自力更生才是通往成功的关键。

【原话】

靠人饭吃多肚困①，靠人衣穿多受寒。

【英译】

Waiting for others to provide food often leads to hunger, and depending on others for clothing frequently results in cold.

【注释】

①肚困：肚子饿。

【解释】

依赖他人施舍的饭食，常令人饥肠辘辘；期待他人赠衣，往往在寒风中战栗。通过描述依赖他人的后果，强调了自立自强的重要性。倡导人们应自食其力，通过自己的努力实现生活的丰裕。

【原话】

穷要穷得清，富要富得明。

【英译】

Be dignified in poverty and honorable in wealth.

【解释】

穷则穷得有尊严，富则富得正直光明。形容无论贫穷还是富有，都应保持尊严和正直，不通过卑微或不道德的手段来改变自己的处境。

【原话】

求宽①不求免。

【英译】

Beg for a longer deadline rather than wipe out the debt.

【注释】

①宽：宽限。

【解释】

寻求延期还款，而非寻求债务免除。表达了在财务困难时，应寻求还款期限的延长以便寻找办法还债，而不是期盼不用还债。

【原话】

求天不如求地，求人不如求自己。

【英译】

God helps those who help themselves.

【解释】

企盼老天开眼不如脚踏实地，依赖他人不如依靠自己。强调了自立自强的重要性，即在任何情况下，依靠自己的能力和努力是最为根本和有效的解决方式。

【原话】

人鼎①沸，吃一顿；俺鼎沸，吃到够。

【英译】

You may enjoy a meal at other's expense, but only when you provide for yourself can you truly eat your fill.

【注释】

①鼎：煮食物用的器物，海南话称锅为鼎。

【解释】

别人家煮饭，你可蹭一顿；自己家煮饭，可以吃到腻。此俗语强调自己动手，丰衣足食，依靠自己力量来提高自己的生活水平。

【原话】

人情薄如纸，求人如登山。

【英译】

As human feelings are as thin as paper, asking for help from others is like climbing a mountain.

【解释】

世间人情冷漠如纸，求助他人难若攀峰。描述社会关系的脆弱和求助的困难，强调了自立自强的重要性。

【原话】

人有脸，树有皮，不争名誉争口气。

【英译】

Just as bark is essential for a tree's survival, dignity is crucial for a person's respect.

【解释】

人要面子如同树木需要树皮，不仅仅为了名誉，更为了尊严。人类对尊严的需求，如同树木对树皮的依赖，强调了不满足于现状，追求尊重和地位的人生态度。

【原话】

一人遏①顺百人意，一墙难遮八面风。

【英译】

Attempting to satisfy everyone is as futile as a wall trying to block the wind from all directions.

【注释】

①遏：难。

【解释】

试图取悦所有人如同一堵墙难以抵挡来自八方的风，几乎不可能。说明了努力满足所有人是不可能的，关键是做到自己尽力而为，保持良好的自我认知和责任感。

【原话】

蚁上谁脚谁就踩。

【英译】

Keep your business to yourself.

【解释】

指自己的事情自己处理，不要指望别人。强调个人责任和独立性，即事务的主体应自我解决，而非依赖外援。

四、正直无私

这部分谚语和俗语强调在人际交往和社会活动中保持诚实正直、无私奉献的品德，反映了海南文化对公正和正义的高度尊重。

【原话】

不吃鱼，嘴不腥；不做贼，心不怕。

【英译】

A good conscience is a soft pillow.

【解释】

若不食鱼，则口无腥味；若不为贼，则心无恐惧。说明生活中的清白和正直会带来内心的安宁和无畏。

【原话】

只要树干直，不怕树影斜。

【英译】

A clean hand wants no washing.

【解释】

只要本身正直，无须畏惧影响之歪斜。形容只要为人做事正派就无须担心外界的误解或是非。

【原话】

忠信两字吃不动。

【英译】

A man of loyalty and character is popular around the world.

【解释】

忠信之人，处处受欢迎。形容人只要讲忠义仁信，走遍天下也吃得香。

【原话】

自己不做亏心事，半夜扣①门也不怕。

【英译】

A quiet conscience sleeps in thunder.

【注释】

①扣：敲。

【解释】

一个人如果行为正直，不做违背良心和道德的事情，那么就不需要害怕任何外在的困扰或报应。内心的平静和安宁源于个人的道德自律和自我约束。

五、小心谨慎

这部分谚语和俗语倡导在行动前要深思熟虑，注意言行的后果，强调谨慎行事的智慧和重要性。

【原话】

大胆不如人小心。

【英译】

Prudence triumphs over recklessness.

【解释】

小心谨慎做事胜过大胆、鲁莽行事。说明谨慎细致的做事方式优于鲁莽的大胆尝试。

【原话】

强山不强水，强水命欲断。

【英译】

Climbing the highest mountains may be feasible, but challenging the waters could cost your life.

【解释】

即便是高山峻岭，亦可征服；然而在水中游泳或行舟，却可能性命不保。说明了自然界中，水的危险性远大于山，强调了在大自然面前要保持敬畏之心。

【原话】

上山之前先探路，出海之前先探风。

【英译】

Scout the path before ascending a mountain, and gauge the wind before setting sail.

【解释】

上山之前要先探测好路线，出海之前要先了解风向。强调在任何行动之前，都应进行充分的准备和调查，以确保安全和成功。

【原话】

细心能驶千年船，粗心港里打破船。

【英译】

Caution guarantees a plain sailing while carelessness leads to the crash of a ship.

【解释】

小心谨慎可以长期行船安全，一时疏忽，即使在港亦可能毁舟。强调了在任何情境下，无论是大风大浪还是安全的港湾，细心与谨慎始终是保障成功与安全的关键。

六、细致踏实

这部分谚语和俗语体现了对工作和生活中细节的重视，以及用踏实稳健的态度对待每一件事情的价值观。

【原话】

打狗要拿出打虎的本领。

【英译】

Approach every challenge with the vigor as if facing a tiger, even if it's just a dog.

【解释】

无论对手强弱，均需全力以赴。强调在任何情况下都应严阵以待，不论挑战的大小，都不能有丝毫的轻视。

【原话】

大搁箩^①敲有糒^②。

【英译】

A tap on a large bamboo basket always yields some grains.

【注释】

①搁箩：圆形的竹制箩筐，农村结婚办酒席时用于盛干饭。

②糒：干饭。

【解释】

大竹箩筐总藏有余粮。暗示大容量器皿带来的潜在余裕，同时比喻人或组织的深厚底蕴。

【原话】

日不点^①人，夜不点鬼。

【英译】

Don't speak of devil.

【注释】

①点：指点。

【解释】

白日不提人非，夜晚不谈鬼怪。意指不应该在别人背后说坏话，倡导尊重与谨慎的交往态度。

【原话】

有何多肚量吃何多饭，有什么水平讲什么话。

【英译】

Speak and act within the scope of your ability.

【解释】

量力而行，能力决定言行。强调自我认识的重要性，即应根据自己的能力和条件来确定行动的范围和内容。

七、良知感恩

这部分谚语和俗语鼓励人们在生活中培养同情心和感恩的情感，促进社会的和谐与互助。反映了对道德良知的重视和对他人帮助的感恩心态。

【原话】

不吃心头血①，也吃手心米②。

【英译】

Do not cut down the tree that gives you shade.

【注释】

①心头血：奶水。

②手心米：比喻养育之恩。

【解释】

劝告养子，即使不是养父母的亲生子女，没吃过养母的奶水，也是靠他们一粥一饭拉扯长大，切记不要忘了他们的养育之恩。

【原话】

吃人一滴水，念人九点情。

【英译】

We should never forget the favor received.

【解释】

接受微小恩惠，铭记深厚情谊。对接受的任何恩惠都应心存感激，并以更大的恩情回报，强调了知恩感恩的重要性。

【原话】

肚饱才有良心，肚困没良心。

【英译】

Only with a full belly can one afford the luxury of a conscience.

【解释】

只有饱暖之后，方能拥有道德良知；饥寒之时，良心易失。强调基本生存需求得到满足是讨论道德和仁义的前提，突出了物质基础对精神层面的重要性。

【原话】

施恩不念，受恩不忘。

【英译】

Bestow kindness without expectation, remember kindness with gratitude.

【解释】

指行善勿自豪，受恩永铭记。强调了行善的无私与接受恩惠的感恩之心，促进了一种健康的互助与感恩文化。

【原话】

弃去给狗吃，狗都识摇尾。

【英译】

Even a dog shows gratitude to its master.

【注释】

①识：知道。

【解释】

即便是狗，亦懂得对主人给予的食物表示感激。强调即使是动物也知道感恩，用以批评那些不懂得感恩的人。

【原话】

照心做人错不远。

【英译】

Acting according to conscience leads us astray less often.

【解释】

指凭良心行事，方能长久无误。强调了以良心为准绳进行决策和行动的重要性，保证了行为的正直和长远正确性。

八、大智若愚

这部分谚语和俗语倡导的是一种深沉的智慧——在某些情况下，最明智的人会选择保持低调，不显山不露水，这既是一种处世哲学，也是一种生存智慧。

【原话】

笨狗咬鹩哥。

【英译】

A clumsy dog bites a grackle unexpectedly, showing cunning beneath a dull exterior.

【解释】

狗假装呆板，一口咬住鹩哥。形容表面笨拙实则机智，隐忍待时而动。暗示看似不起眼或愚笨的行为背后，可能隐藏着深思熟虑的计划和智慧，警示不可小觑表面上的笨拙。

【原话】

师傅不杀头盘棋。

【英译】

Skilled players may not claim the first victory.

【解释】

高手不赢开局棋。在竞技或策略中，有时故意示弱，以达到最终的胜利，是一种深谋远虑的策略。

九、穷富有时

这部分谚语和俗语反映了社会经济地位的不断变迁和人生的不确定性，提醒人们不应因当前的状态而气馁或自满，而应持续努力以因应未来的挑战。

【原话】

穷无根，富没种。

【英译】

Poverty has no roots just as fortune has no seeds.

【解释】

形容贫穷和富贵不是世袭的，得靠个人努力才能改变命运。强调了个人命运不是由出身决定的，而是可以通过个人的努力来改变的。

【原话】

穷无三代富无二。

【英译】

Poverty and wealth won't last forever.

【解释】

贫穷不会超过三代人，富贵不会超过两代人。强调了社会经济地位的变迁性，提醒人们无论当前处于何种状态，都应持续努力，以应对未来的不确定性。

【原话】

贫不超三代，富不过百年。

【英译】

Neither poverty nor wealth extends beyond its time; neither lasts forever.

【解释】

贫困不会世代相传，富贵也不超过百年，强调了无论是贫穷还是富有，都是暂时的状态，生活和命运总是充满了变化和不确定性。

第三章

为人处事

一、交际协作

这部分谚语和俗语倡导通过有效的交流与合作，促进个人与团队之间的理解和支持，以实现共同目标。强调了在人际交往和集体合作中，沟通与协调的重要性。

【原话】
不精不愚。
【英译】
He who appears neither smart nor silly is hard to tackle.
【解释】
既非聪明亦非愚笨，难以捉摸。描述了一种人，其不显山不露水的性格使得他们在社交中难以被彻底了解或预测。

【原话】
斧仔敲凿凿下柴。
【英译】
The axe strikes, and the chisel splits the firewood.
【解释】
斧头敲凿，凿子破柴。通过斧头、凿子与木头三者的相互关联示例，说明每个人或物都有其特定的角色和功能。

【原话】

各神归各庙。

【英译】

Every deity returns to his or her respective temple.

【解释】

每位神明归于各自的庙宇。既描述了人们各自回到自己的位置，也比喻了每个人或事物都有自己确定的归属和角色。

【原话】

合人须三年，失人只三时。

【英译】

It takes years to make a friend, but only moments to lose one.

【解释】

结交朋友需要时日，失去朋友却在瞬间。强调了建立深厚友谊的难度与失去友情的易性，提醒人们珍惜并慎重对待人际关系。

【原话】

壶里无酒厄①留客，塘里无水厄饲鱼。

【英译】

It is hard to keep a guest for a lack of wine, nor can fish stay in a pond without water.

【注释】

①厄：难。

【解释】

酒喝光了难留宾客，池塘无水也养不了鱼。说明了适当条件的必要性，无论是为了维持人际关系还是生态环境，适宜的资源是不可或缺的。

【原话】

家事①在手头，人情在嘴头。

【英译】

Wealth is built by hands, while relationships are forged through communication.

【注释】

①家事：家财。

【解释】

财富靠双手累积，人脉靠言语交际维系。强调了财富的创造与人际关系的维护各自的途径，一是通过劳动和创造，二是通过沟通和交往。

【原话】

近花芳，近屎臭；近歹人，不开交。

【英译】

Close to flowers，you smell the fragrance；close to filth，you smell the stench；and close to bad people，you won't have good relations.

【解释】

靠近花朵得芳香，靠近污物闻恶臭；与恶人交往，必受其影响。强调了环境和交友选择对个人品行的影响，提醒人们选择正面影响的重要性。

【原话】

敬人得人牵①，敬神不相干。

【英译】

Valuing people brings tangible support，while worshiping gods offers no practical help.

【注释】

①牵：提携。

【解释】

敬重他人可得实际援助，仅拜神求佑无济于事。强调了与人为善、互相尊重和帮助的重要性，相比之下，单纯的宗教仪式或信仰虽有其精神意义，但在实际生活中可能无法提供直接帮助。

【原话】

久不来往成生客。

【英译】

Long periods without contact can turn close friends into strangers.

【解释】

长时间不交往，亲朋好友也会变得生疏。强调了维护人际关系的重要性，即使是再亲密的关系，缺乏沟通和交往也会逐渐疏远。

【原话】

久久到，如新倌到；常常到，如狗上灶。

【英译】

Occasional visits are treated like a groom's arrival; too frequent, and you're like a dog in the kitchen, unwelcome.

【解释】

指偶尔造访，会受到贵宾般接待；但频繁造访，便如闯上灶台的狗让人烦。强调了访问朋友或亲人时，适度的珍贵和过度的侵扰之间的界限，提醒人们保持适当的交往频率以维持良好的人际关系。

【原话】

酒桌上的话不算数。

【英译】

Promises made over drinks hold no weight.

【解释】

酒席言谈，不可当真。强调了在酒精影响下所作的承诺或言论，往往缺乏诚意和实际的执行可能性。

【原话】

君子槟榔乞丐烟。

【英译】

It is customary that you can ask someone for a cigarette, but you must buy betel nuts by yourself.

【解释】

吃槟榔要自己买，香烟没了可向别人讨要。传统上，槟榔产量少，属于贵重、难得的果品。古时海南有些地方提亲必备礼品是槟榔，因此有提亲俗称为"吃槟榔"。所以，香烟不可以和槟榔同日而语，讨根烟来抽问题不大，但讨槟榔来吃就显得唐突了。此俗语提醒人们向人伸手应当注意分寸。

【原话】

君子不听半路①话，好人不吃过夜饭。

【英译】

A gentleman doesn't listen to one-sided words, nor does he spend the night in others' house.

【注释】

①半路：半截，指片面之词。

【解释】

君子不听片面之词，也不在别人家吃晚饭过夜招惹是非，指要全面了解情况再做出判断，杜绝惹是生非的机会。倡导在任何情况下都应全面考虑，避免因为自己的轻率和不考虑他人而引发不必要的纠纷或尴尬，体现了一种成熟和负责任的生活态度。

【原话】

砍头割脰①是兄弟，同桌喝酒是闲人。

【英译】

A friend in need is a friend indeed. A fair-weather friend is not a real friend.

【注释】

①割脰：割脖子。

【解释】

能为对方砍头割脖子能证明兄弟情深，仅在顺境中喝酒作乐则难辨真伪。强调真正的友谊能够在困难时刻经受住考验，而只在顺境出现的友情往往不具备持久性和真诚性。

【原话】

客去主安。

【英译】

The host finds peace only after the departure of guests.

【解释】

客人离去，主人方得安宁。

【原话】

揽头揽脰。

【英译】

Close friends are so intimate that they hang their arms on shoulders with each other.

【解释】

勾肩搭背，通过肢体语言表现出的亲密关系。形容好友之间的深厚友情。

【原话】

两人好过插毛入耳。

【英译】

Two friends are very close and often whisper together.

【解释】

两个人经常靠在一起说悄悄话，头发都塞进对方的耳朵里。形容交情要好。

【原话】

马行久长才知力，人合久长才知情。

【英译】

A long journey reveals the horse's endurance, and time reveals a person's true nature.

【解释】

经历长途才能见证马力，经历长久才能识别人心。通过时间和经历的考验，才能真正了解一匹马的耐力和能力，以及一个人的性格和品质。

【原话】

没有钱银要有话言①。

【英译】

Poor though one is, it is of great importance for him to communicate well with others.

【注释】

①话言：会说话，说话得体。

【解释】

指一个人即使没有钱，也要会说话、有口才，才招人待见。强调了在社会交往中，除了财富，口才和表达能力也是赢得他人尊重和关注的重要因素。

【原话】

镊嘴①强关门。

【英译】

No gossip.

【注释】

①镊嘴：闭嘴，指夹住嘴巴。

【解释】

闭嘴比关门强。指祸从口出，不要多嘴惹祸。强调了不妄加评论的重要性，以避免言语带来的不必要麻烦或伤害。

【原话】

平时不帮人，有事无人帮。

【英译】

Those who don't assist others will find themselves without aid when in need.

【解释】

日常不助人，危难时少援手。强调了互助的重要性，不在平时助人，将在困难时寻不到帮手。

【原话】

人情值千金，钱银是粪草①。

【英译】

Compared with friendship, money means nothing.

【注释】

①粪草：垃圾。

【解释】

把朋友情义看得像千锭金银一样贵重，把钱财看得像垃圾一样轻贱。强调了情感与友谊远比物质财富更为珍贵和重要。

【原话】

人情做长不做短。

【英译】

You can never be too generous in human relations.

【解释】

指要讲究人情世故，礼多人不怪。强调人情世故要从长远考虑，不能有用才交往，过后就忘。

【原话】

人心从俺心出。

【英译】

Humans have conscience.

【解释】

将心比心，人心相通。强调人与人之间通过换位思考来建立情感的联系，提倡将心比心感受他人的心情。

【原话】

识人强过识字。

【英译】

Making friends widely is better than being a bookworm.

【解释】

指广交朋友胜过读死书。强调要广交朋友，不要一味死读书。在人生和事业中，建立广泛的人脉和深入理解他人比单纯的书本知识更为重要。亦指结交朋友要了解各自的性格特征、长处和不足，这些是无法通过读书得到的。

【原话】

一回生，二回熟，三回做成自己人。

【英译】

Constant socializing makes friends easily.

【解释】

通过频繁的交往和沟通，陌生人可以逐渐成为彼此信赖的好朋友。

【原话】

有千银①不如识百人。

【英译】

Making friends far and near is better than having wealth.

【注释】

①银：银圆，指钱财。

【解释】

拥有财富不如广交朋友。强调了在人生和事业上，广泛的人际网络比单纯的物质财富更为重要。

【原话】

欲想人让侬①，侬要先让人。

【英译】

To earn respect, one must first extend it to others.

【注释】

①侬：晚辈对长者的自称。

【解释】

想要得到别人的礼让和尊重，就要先学会礼让和尊重别人。强调了尊重是相互的，对他人尊重和礼让，自然能赢得相同的待遇。

【原话】

愿跟识字人打架，不跟塞锢人①相争。

【英译】

Prefer to dispute with the educated than to argue with the stubbornly ignorant.

【注释】

①塞锢人：死板、不通情理的人，亦指没文化的人。

【解释】

宁与文人较量，不与顽固无知者争执。强调了与理性、有教养的人交流辩论的价值，而避免与固执且缺乏教育的人发生无谓的争执。

【原话】

失友容易，交友难。

【英译】

It is easier to lose a friend than to make one.

【解释】

失去朋友容易，结交朋友不易。强调了建立和维持友谊的重要性，提醒人们应珍惜与朋友之间的关系。

【原话】

盅酒待百客。

【英译】

Propose a toast to everyone.

【解释】

主人以一杯酒敬全部宾客，感谢捧场。这是主人给来自不同地方的客人敬酒时说的客气话。

【原话】

做酒容易请客难。

【英译】

It is easy to prepare a banquet but hard to invite the guests.

【解释】

酒席易备，宾客难邀。此俗语表明，设宴只需要有钱就可以办到，但是请客得有好人缘。可见，海南人的认知是与人为善、广结善缘比拥有金钱更可贵。

二、团结和谐

这部分谚语和俗语鼓励人们在面对困难和挑战时能够凝聚力量，共同克服，体现了海南人民重视集体利益和社会稳定的价值观。

【原话】

不怕是非多，只怕心不齐。

【英译】

Without unity, it is hard to achieve anything.

【解释】

是非虽多不畏惧，唯恐心志不一致。强调了团队合作中，统一的心志和目标比面对外界的是非和挑战更为关键，缺乏内部一致性将难以取得成功。

【原话】

单柴不着火，单人厄①讲话。

【英译】

A single flower does not make a spring.

【注释】

①厄：困难。

【解释】

一根柴火难以燃起，单打独斗难成事。强调了集体力量的重要性，个体难以取得巨大的成就，需要团队协作。

【原话】

多人好扛壁，少人好做吃^①。

【英译】

More hands make light work, fewer guests simplify meals.

【注释】

①做吃：做饭。

【解释】

人多好办事，人少好做饭。强调了不同情境下，集体与个人的优势，即劳动时人多力量大，享受时人少更为舒适。

【原话】

合脚。

【英译】

Hit it off straight away.

【解释】

原意为鞋子合脚。形容性格相投，意气相同。引申为死党、情同手足、形影不离。

【原话】

家庭一条心，有钱也有金；家庭不同心，无钱买灯芯。

【英译】

Unity brings wealth and prosperity to the family; discord leaves it too poor to even buy a wick.

【解释】

家和万事兴，钱财自然聚；心离家事败，连灯芯也难求。强调了家庭成员之间团结一致的重要性，以及这种团结对于家庭财富和幸福的正面影响。

【原话】

人多填海平，蚁多搬山走。

【英译】

The strength of unity is huge.

【解释】

　　形容人多力量大，强调了集体力量的伟大，即使是看似不可能的任务，在众人的合作下也能成就。

【原话】

同穿一条裤笼。

【英译】

They share one pant just like brothers.

【解释】

　　两个人好得可以同穿一条裤子。形容极度亲密或合作的关系，既可以是正面的深厚友谊，也可以是负面的相互勾结。

【原话】

兄弟不和，受人欺瞒。

【英译】

Discord among siblings opens the door to exploitation by outsiders.

【解释】

　　兄弟间若失和，易遭外人欺凌。强调了家庭内部和睦对抵御外部侵犯的重要性，不和则使家庭成员变得脆弱。

【原话】

兄弟不团结，做乜都不得。

【英译】

Disunited siblings accomplish little.

【解释】

　　兄弟若不齐心，事事难成功。强调了家庭成员之间团结一致的重要性，缺乏协作将难以达成任何目标。

【原话】

兄弟情义，刀砍不断，水流不去。

【英译】

Brotherhood is longstanding like rivers.

【解释】

坚不可摧的兄弟之情。强调了兄弟间的情感联系之深厚和不可分割，即使面对困难和挑战也不会动摇。

【原话】

一滴水日晒就干，千滴水汇流成江。

【英译】

A single drop dries up quickly，but together，drops form a river.

【解释】

单滴水易干，众滴水珠汇聚成江河。强调了集体合作的重要性和力量，个体可能力量微小，但众人聚合则能形成强大的力量。

【原话】

一人扇风两人凉，两人扇风三人凉，三人扇风凉通墙。

【英译】

When one fans，two enjoy the breeze；when many fan，the coolness spreads through all.

【解释】

通过团队的共同努力，可以达到更好的效果，让更多人受益。形容团结力量大，强调了集体协作的重要性。

【原话】

一手厄捉两只鱼，一人厄识天下书。

【英译】

It is impossible for one to catch two fish with one hand or read all the books in the world.

【解释】

单手难抓双鱼，独人难尽识群书。强调了个人能力和时间的限制，即使再有能力的人也不能同时完成两件事或掌握所有知识。

【原话】

鱼傍水，水傍鱼。

【英译】

Fish is by the water and for the water.

【解释】

鱼与水相依，水与鱼共生。强调了自然界互利共生的关系，如同鱼与水的不可分割，指出合作和共存的重要性。

【原话】

众人戽①水等船浮。

【英译】

Together, we scoop water to keep the boat afloat.

【注释】

①戽：拼音 hù，取水灌田的旧时农具，这里指戽水出去。

【解释】

众志成城，同心协力戽水以令船浮。强调了在面对共同挑战时，团结协作的重要性，以及通过集体努力可以克服困难，实现共同目标。

三、干练处事

这部分谚语和俗语展示了在处理事务时，应具备的效率和能力。强调了在工作和日常生活中，迅速、有效地解决问题的重要性。

【原话】

跸①着也是口功②。

【英译】

A faulty fall can be a trick on the stage.

【注释】

①跸：摔倒。

②口功：演员的台词，这里借指表演。

【解释】

在舞台上演戏时不慎摔跤，却巧妙地把摔跤处理成剧情的一部分，让观众以为剧情本来如此，摔倒亦成表演之妙。强调了在不可预见的情况下，通过智慧和技巧将意外转变为表演的一部分，展现了应变能力和艺术的巧妙结合。

【原话】

呆人①气人气在脸，精人气人气在心。

【英译】

The honest show their feelings openly, while the shrewd keep their emotions hidden.

【注释】

①呆人：这里指老实人，并不是智障者的意思。

【解释】

老实人情绪外露，精明人心藏不露。强调了人们在情感表达上的差异，直率人易于表露情绪，而心思缜密的人则擅长控制自己的情绪表现。

【原话】

救急不救穷。

【英译】

One may give financial aid to those in an emergent need, but should not do so if they are perennially in need of money.

【解释】

指救济于危难，非长期贫困。强调了救助应针对突发困境，而对长期贫困应鼓励自力更生，以防形成依赖心理。

【原话】

宽时攞物①紧时用。

【英译】

Save in times of plenty, use in times of need.

【注释】

①攞物：囤物。

【解释】

丰时储备，困时使用。强调了提前准备和预防的重要性，在条件允许时积累资源，以应对未来可能的困难。

【原话】

力多讨人疼，嘴多讨人恼。

【英译】

Hard work wins affection, while bragging breeds annoyance.

【解释】

勤奋干活的人讨人喜欢，多嘴多舌的人讨人厌。强调了实际行动比空谈更能赢得他人的尊重和喜爱。

【原话】

剃头刀上打跟斗。

【英译】

Being a man of the world, he is all things to all men.

【解释】

在刀锋上舞蹈，八面玲珑。强调了某些人在处理复杂和棘手情况时的高超技巧，但也暗示了这种行为可能过于狡猾或圆滑。

【原话】

弯柴做犁尾，直木做栋梁。

【英译】

All things in their being are good for something.

【解释】

弯曲的木材宜做犁具，挺直的木材宜做栋梁。强调了根据事物的本质和特性选择其最合适的用途，每种材料都有其最佳用途。

【原话】

嘴多惹人恼，帮人得人疼①。

【英译】

Nagging and bragging leads to annoyance while giving a hand warm-heartedly delights others.

【注释】

①疼：疼爱。

【解释】

多言易生忤，助人获温情。强调过多的言语可能导致不快，而慷慨助人则能够赢得他人的喜爱和尊重。

四、诚实守信

这部分谚语和俗语强调诚信为本的基本原则，反映了海南社会对诚实可靠的品质给予高度评价和尊重。这表明了在为人处世中，诚信是建立人际关系和维持社会秩序的基石。

【原话】

骗人一次；害己一世。

【英译】

A single act of deceit casts a lifetime of doubt.

【解释】

一次欺诈，终身遭疑。强调了诚信的重要性，一次失信可能导致永久的不信任和信誉损失。

【原话】

一次做贼被人见，百次失物都受疑。

【英译】

Once a theft is witnessed, a lifetime of suspicion follows.

【解释】

一次为贼，永远被疑。强调了一次不诚信的行为可能导致长期的信任危机和不良名声。

五、聪明能干

这部分谚语和俗语赞扬在各种情况下展现出的聪明才智和解决问题的能力。

这不仅体现了对个人能力的肯定，也鼓励人们在面对挑战时能够灵活应对。

【原话】

好狗不碍①路。

【英译】

A wise dog does not obstruct the path.

【注释】

①碍：妨碍、阻拦。

【解释】

指机灵的狗不躺在道路中央，阻挡往来交通。强调了聪明人懂得如何避免成为他人进步的障碍，体现了对他人行动的尊重和自身智慧的运用。

【原话】

会做不如人会想。

【英译】

A man of foresight is stronger than a doer without thinking.

【解释】

指埋头苦干的人比不上肯动脑子的人。强调了在执行任务时，思考和创新的重要性超过了单纯的劳动和行动。

【原话】

柴弯师傅直。

【英译】

Even bent wood becomes straight under a skilled craftsman's hands.

【解释】

弯木在匠人手中亦能变成直。强调了高超的技艺可以改变原材料的本质状态，突出了工匠的能力和创造力。

【原话】

识多件苦多件。

【英译】

The more you know, the greater your responsibilities.

【解释】

能者则多劳。强调了知识和能力越高，所承担的劳动和责任也越多的现实。

【原话】

竹篙做尺也识量①。

【英译】

Even a bamboo stick can serve as a ruler when used wisely.

【注释】

①量：丈量。

【解释】

无尺竹亦可度，善用即成工。强调了即便在资源有限的情况下，通过创造性思维和变通，也能有效解决问题。

六、缜密思考

这部分谚语和俗语强调了在作决策和解决问题时，深思熟虑和考虑周密的重要性。这表明了海南文化中对理性思考和细致规划的重视。

【原话】

不怕做不到，就怕想不到。

【英译】

Innovation speaks louder than action.

【解释】

事情不难办，难在想不到方法。强调了创新和想象力在解决问题上的重要性，促使人们拓宽思维，发现新的解决方案。

【原话】

人心隔皮看不定。

【英译】

It is hard to read someone's mind.

【解释】

人心难测，表里不一。强调了人的内心思想和情感的复杂性，以及外表与内心可能的不一致性。

【原话】

听话听音，知人知心。

【英译】

It is advisable to read one's mind through careful observation.

【解释】

指听人说话要善于领会对方的真实用意，了解一个人要了解他的内心想法。强调深入观察和倾听的重要性，通过细微的言行来理解一个人的真实想法和性格。

七、福祸不惊

这部分谚语和俗语体现了一种平和的心态，即在面对各种变化和不确定性时保持冷静和坚韧。这种态度有助于个人在复杂多变的环境中稳定情绪，有效应对挑战。

【原话】

财去人安。

【英译】

Loss of wealth is bearable if personal safety is preserved.

【解释】

财物可失，安全无价。强调了在面对损失时，个人的安全和健康是最重要的，物质损失可以弥补，但生命安全无法用任何财富来衡量。

【原话】

脚痛煲糯①，手痛巡村②。

【英译】

Take things as they come.

【注释】

①煲糒：用小锅煮干饭。

②巡村：在村里闲逛闲聊。

【解释】

脚痛行走不便，就在家煮饭吃；手痛干活不便，但不妨碍串门聊天。强调了根据自身的条件和局势灵活应对，乐观地接受并适应生活的各种情况。

【原话】

古人不见今时月，今月曾经照古人。

【英译】

The moon once seen by ancients now shines on us anew.

【解释】

时间的流逝及其对世界的影响，物质可能持续，但人事已非。形容沧海桑田，物是人非。

【原话】

人都翻船在沧海①，俺室败的不叫败。

【英译】

Heavy losses have been made as their boats wrecked at sea; in contrast, our loss hardly counts as such.

【注释】

①沧海：大海。

【解释】

人家在海上遇难翻船，损失惨重；对比之下我们的损失不算什么。强调了相对于他人的重大损失，自己的损失可以看作是较小的，是一种自我安慰或安慰他人的方式。

第四章

时政事业

一、热爱祖国

这部分谚语和俗语反映了海南人民对国家故土的深厚情感和忠诚。强调爱国主义精神，这些谚语和俗语鼓励人们为国家的繁荣和发展贡献自己的力量。

【原话】

不爱外乡一斤金，愿要家乡一把土。

【英译】

Preferring a handful of hometown soil to a pound of foreign gold.

【解释】

无论在外乡多么富有或成功，对于家乡的深情和眷恋是无可替代的。形容旅居他乡，不稀罕他乡的富贵繁华生活，而对家乡怀有深深的眷恋。此俗语见证了海南人的乡土观念，这也是传统中国人的特点之一。

【原话】

处①牛熟处坡。

【英译】

Cattle are familiar with their own pastures.

【注释】

①处：哪里，指生活之处。

【解释】

指牛生养在哪里就熟悉哪里的草坡。强调了生物对其成长环境的熟悉度，及人对故乡的深厚感情。

【原话】

家穷出孝子，国难见忠臣。

【英译】

Poverty reveals filial piety, crisis unveils loyalty.

【解释】

贫家显孝道，乱世识忠良。强调了逆境中才能真正测试和展现个人的品质，如孝顺与忠诚。

【原话】

鸟不忘自己的巢，人不忘自己的祖国。

【英译】

As birds never forget their nests, people yearn for their homeland.

【解释】

鸟归旧巢，人念故土。强调了无论走到哪里，人们内心深处都对家乡和祖国有着深切怀念和归属感。

【原话】

椰子槟榔根在土，人走千里心挂家。

【英译】

Just as coconut trees and betelnut trees are deeply rooted in land, travelers' hearts yearn for home.

【解释】

椰子、槟榔扎根于深土，远行人思家。强调了无论身处何方，人们内心深处总是牵挂着家乡的土地和亲人。

【原话】

一次移①萝②一次黄。

【英译】

Three moves are as bad as a fire.

【注释】

①移：移动，转移。

②萝：野菠萝。

【解释】

野菠萝不好移植，移植次数越多越难存活。形容搬家如同移植野菠萝，频繁则难存。强调了频繁变动的不利影响，特别是对生活稳定性和个人的根基感的影响。

【原话】

子不嫌母丑，民不厌国穷。

【英译】

No son deems his mother ugly, no citizen disdains his poor country.

【解释】

子不贬母之貌，民不弃国之贫。强调了无论个人或国家的外在条件如何，都应保持对其的爱和尊重，提倡不忘初心和根本。

二、事业工作

这部分谚语和俗语体现了对个人职业发展和工作态度的重视。海南谚语和俗语倡导勤奋工作、追求事业上的成就，强调知识文化与成功之间的联系。

【原话】

不识字饲大猪。

【英译】

Without education, one's choices are limited to farming.

【解释】

没有文化，只能做简单重复性的劳动谋生。强调了教育的重要性，以及缺乏教育可能导致的职业选择受限。

【原话】

裁缝不离尺，木匠不离斧。

【英译】

A tailor cannot do without a ruler, nor can a carpenter do without an axe.

【解释】

尺子是裁缝干活的工具，斧子是木匠的必备之物。强调了专业工具对于手艺人的重要性，无论是裁缝还是木匠，都离不开其专用的工具。

【原话】

吃饱担重。

【英译】

Live to work.

【解释】

吃饱饭就干重活，在农村多用于说自己是干苦力的。

【原话】

不食得咖喱饭，不做得南洋客。

【英译】

He who dislikes curry will struggle in Southeast Asia.

【解释】

咖喱饭源于印度，在东南亚地区很受欢迎，因此，如果有海南人想去东南亚国家谋生，人们就会告诉他要学会吃咖喱饭，否则待不下去。强调了适应当地饮食文化的重要性，尤其是对于那些想在东南亚生活和工作的人。

【原话】

吃不了三碗饭，挑不了百斤担。

【英译】

Those who eat little can hardly bear heavy burdens.

【解释】

食少力薄，难负重担。强调了繁重的体力工作需要消耗大量的能量，需要有充足的食量来维持。

【原话】

吃不穷，穿不穷，想不到就穷。

【英译】

It is lack of foresight that leads to poverty, not consumption.

【解释】

食衣不致贫，缺乏远见则困顿。强调了前瞻性思维和创新的重要性，以防止陷入贫困的状态。

【原话】

吃得才做得。

【英译】

Well-fed, well-performed.

【解释】

饱食方能劳作。强调了充足的饮食对于保持良好工作状态的重要性。

【原话】

读了 ABC，不挑锄头与簸箕。

【英译】

Learning a foreign language spares you from manual labor.

【解释】

学成外语，不用从事务农工作。强调知识改变命运。

【原话】

读书不成学算命，算命不成学补鼎。

【英译】

He who does not do well in academics turns to learning a trade for a living.

【解释】

不善于读书便去学技艺，技艺不精就转行。强调了当学术道路不顺时，转向学习实用技能的重要性，以及灵活调整职业路径的能力。

【原话】

龟有龟路，鳖有鳖路。

【英译】

Each has his own way of making a living.

【解释】

龟鳖各有途，人各有其路。强调了每个个体都有其独特的生存方式和职业路径。

【原话】

教仔不离书，做农不离猪。

【英译】

We educate kids with books, and farmers make a living by keeping pigs.

【解释】

教子必须读书，务农必须养猪。强调了在教育和农业劳作中，依赖传统工具和方法的重要性，以及守住传统行业的价值。

【原话】

近山靠山，近海靠海。

【英译】

Live off the land if near mountains, thrive by the sea if close to it.

【解释】

指充分利用现有条件生存，强调了根据自身地理环境的特点，利用自然资源进行生计的智慧。

【原话】

近山有柴烧，近海有鱼捉。

【英译】

Near mountains, one finds plentiful wood; by the sea, abundant fish.

【解释】

说明靠近什么资源，就有利用其资源的先天优势。强调了地理位置对资源获取的影响，以及如何根据环境优势来规划生活和生产活动。

【原话】

老鼠咬布袋。

【英译】

Rats instinctively gnaw on sacks, a habit hard to break.

【解释】

鼠习咬袋，习性难改。强调了习惯行为的根深蒂固，以及某些行为模式难以改变的特点。

【原话】

老先生①，幼裁缝。

【英译】

The older teacher, the wiser; The younger tailor, the better.

【注释】

①先生：教师。

【解释】

年老的教师有经验，水平也高；年轻的裁缝追求时尚，知道年轻人的喜好，更受欢迎。强调了在不同职业中，经验和年龄对专业技能的影响，教育领域重视经验，而手艺领域看重灵活和创新。

【原话】

身上无刀子①，出门厄讨吃②。

【英译】

Without skills, it is difficult to make a living.

【注释】

①刀子：本领。

②讨吃：谋生。

【解释】

没有技能和本领，谋生较难。

【原话】

山猪①鼻灵，坡鹿耳利。

【英译】

Each creature excels in its own way.

【注释】

①山猪：野猪。

【解释】

野猪凭鼻捕食，鹿仗耳捕食。强调了每个生物，包括人，在自然界或社会中都有其独特的优势和技能。

【原话】

室有万金，不如手艺在身。

【英译】

Treasures at home can't be compared with craftsmanship at hand.

【解释】

家财万贯不如一技之长。强调了个人技能和手艺的价值远超家中的财富，突出了技能自持的重要性。

【原话】

水牛过水^①各顾各。

【英译】

Buffaloes make their way individually.

【注释】

①水：河水。

【解释】

水牛各凭本事过河。强调了个体依靠自身能力和技能独立面对挑战的重要性。

【原话】

饲猪的败钱，宰猪的赚钱。

【英译】

The butcher makes more money than the pig raiser.

【解释】

指养猪的农户不如杀猪的屠夫赚钱多。强调了在猪肉产业链中，不同环节的盈利能力差异，其中屠宰环节相对更为盈利。

【原话】

天旱三年饿不死厨房爹^①。

【英译】

The cook won't starve even in years of drought.

【注释】

①厨房爹：厨师。

【解释】

即使干旱连年，厨师也不愁吃。强调了某些职业在特定环境下享有的特殊待遇或保障，即便在困难时期也能保持基本生活需求的满足。

【原话】

须仔①出凸凸，做工害人苦。

【英译】

Inexperienced workers often cause inconvenience to others.

【注释】

①须仔：小胡子，代指小年轻。

【解释】

年轻人由于经验不足，工作常出差错，害苦工友。形容新手因缺乏经验可能给团队带来的不便和挑战。

【原话】

鱼做鱼讨吃①，蟹做蟹爬路。

【英译】

With craws, crabs can find food while without foot, fishes can survive, too.

【注释】

①讨吃：谋生。

【解释】

鱼游水寻食，蟹行沙觅径。强调了每个生物根据自身特点采取不同的生存策略，同时提倡尊重每个个体的独特性和生存方式。

【原话】

愿做人一，不做人七。

【英译】

Better to lead in a lesser place than follow in a prominent one.

【解释】

宁愿在一个级别低的单位里当领导，也不愿意在一个级别高的单位里当下属。强调了领导地位即使在较小范围内也比在大环境中处于从属地位更为重要的观念。

【原话】

这山看去那山高。

【英译】

The grass is greener on the other side.

【解释】

见异思迁，他山似更高。强调了人们常有的心理现象——对现状的不满和对他处情况的美化。

三、机构治理

这部分谚语和俗语反映对社会管理和国家安全的深刻认识，同时也揭示了资源管理和国家防御的重要性。

【原话】

加个香炉加支香。

【英译】

More censers need more incense.

【解释】

多加个香炉就要多烧支香。形容行政机构和官员的增加导致公共财政负担增加，最终转嫁到普通百姓身上的现象。

【原话】

家不可无粮，国不可无兵。

【英译】

A family cannot live without food, and a country cannot survive without armies.

【解释】

粮食乃一家生存之本，军队乃一国安全的根本。强调了粮食对家庭生活的基础性作用和军队对国家安全的根本重要性。

四、干部群众

这部分海南谚语和俗语深刻地反映了社会治理、官员行为、权力更迭等方面的传统智慧和价值观。

【原话】

大官好做，小官厄做。

【英译】

High ranks are easier to hold, while lower positions are tougher to manage.

【解释】

高位易居，低职难为。强调了在职位层级中，高位官员相对容易面对职责，而低级官员面临的工作压力和挑战更大。

【原话】

上梁不正下梁歪，村公①不正村风败。

【英译】

Fish begins to stink at the head.

【注释】

①村公：村干部。

【解释】

领袖失范，下属随波。强调了领导和长辈的榜样作用及其对团队或社区风气的影响力。

【原话】

上水①官，落水狗。

【英译】

Success supposedly justifies any actions.

【注释】

①上水：指成功上岸。

【解释】

成则封侯，败则沦为阶下囚。强调了社会竞争的残酷性，成功与失败带来的极端不同命运。

【原话】

戏好不好，台下清楚。

【英译】

The audience is the best judge of the drama.

【解释】

一出戏演得好不好，观众最有发言权。强调了观众对于艺术作品质量的判断力，以及公众评价的重要性。

【原话】

新官不查旧印。

【英译】

New officials do not delve into the predecessor's cases.

【解释】

新任不究旧账。描述新上任官员倾向于忽略前任遗留问题的现象，是不作为的表现，是官僚主义的作风。

【原话】

一春^①雨水一春草。

【英译】

New grass comes out in spring rain.

【注释】

①春：原指春天，代指季节。

【解释】

春雨育新草。形容环境对成长的影响，每个时代都会培养出适应那个时代的人才。

【原话】

一阵雨水一阵蛤^①，一朝江山一朝人。

【英译】

A new reign brings new followers, as rain brings clams.

【注释】

①蛤：青蛙。

【解释】

雨过地生蛤，朝更官亦新。强调了权力更迭对随从人员更替的影响，以及自然和社会中变化的不可避免性。

【原话】

做官要明理。

【英译】

An official must discern right from wrong.

【解释】

官居一职，须辨明理。强调了官员在职责中应具备的理性判断和公正处事的必要性。

五、买卖生意

这部分谚语和俗语反映了商业活动、市场规律、人际关系及道德伦理在经济交往中的复杂性和多样性，展现了在经济交易中应遵循的原则和规律。

【原话】

大生意怕赌，小生意怕食。

【英译】

Large enterprises fear the ruin of gambling; small trades fear the cost of indulgence.

【解释】

大业畏赌祸，小商忌大吃。强调了无论是大企业还是小商贩，不良嗜好和过度的消费都能导致经营失败。

【原话】

肥土^①不如瘦生意。

【英译】

It is better to be a peddler than a farmer for a living.

【注释】

①肥土：肥沃的土地。

【解释】

经商胜过种田。即使是小规模的生意也可能比务农盈利更多，体现了商业活动的价值和潜力。

【原话】

分还分，送还送。

【英译】

Even reckoning makes long friends.

【解释】

账分明，礼另行。强调了在人际交往中，清晰的财务往来有助于维护长久的友谊或亲情。

【原话】

贵买贵卖，便宜买无处卖。

【英译】

It is better to sell the dear goods with high quality than to hoard the unmarketable ones.

【解释】

宁贵质优，勿贱难售。强调了质量的重要性，以及价格与质量之间的正相关性。

【原话】

海里休渔，塘鱼起价。

【英译】

Freshwater fish prices surge during the sea fishing bans.

【解释】

在海南，每年5月至8月的例行休渔期间，渔民不能出海打鱼。由于没有海鱼上市，因此池塘里的淡水鱼价格上涨。强调了供求关系对市场价格的影响，以及缺乏竞争时商品价格自然上涨的现象。

【原话】

轿夫恼马。

【英译】

Sedan carriers resent horses for stealing their jobs.

【解释】

旧时出远门一般是骑马或雇轿子坐，所以轿夫讨厌马抢了他的生意。形容行业内部因竞争而产生的对立和不满，以及职业间的替代性导致的冲突。

【原话】

酒楼铺不怕你肚大。

【英译】

Eateries welcome hearty appetites.

【解释】

饭馆不畏食客量大，吃得多意味着消费多，消费多利润就高。形容餐饮业对大胃王的欢迎态度，以及顾客多消费对老板利润的正向影响。

【原话】

乜人①知乜人货。

【英译】

Customers know their own goods best.

【注释】

①乜人：某人。

【解释】

客人清楚自己的货色。描述消费者对自己商品价值的清晰认识。

【原话】

卖姜人嘴辣，卖糖人嘴甜。

【英译】

Every potter praises his own pot.

【解释】

生意人总是夸自己的商品好，形容商人根据商品特性调整自己的营销策略，以及自我推销的普遍现象。

【原话】

卖头不卖尾。

【英译】

Goods are pricier at market opening, cheaper at closing.

【解释】

开市贵，收市廉。强调了市场供需关系对商品定价的影响，以及时间对价格的影响。

【原话】

乜钱①买乜货。

【英译】

Nothing for nothing and very little for a half penny.

【注释】

①乜钱：多少钱。

【解释】

指一分钱一分货。强调了价格和商品质量之间的直接关联性，即消费者应期待按照他们所支付的价格获得相应的商品质量。

【原话】

亲戚归亲戚，买卖照市价。

【英译】

When it comes to money, business is business.

【解释】

亲情归亲情，交易按市场价。强调了在商业活动中，即使是亲戚关系也应该遵循市场规则和公平原则。

【原话】

人无心计，厄做①生意。

【英译】

People without resourcefulness can hardly do well in business.

【注释】

①厄做：难做。

【解释】

生意不好做，心中要有谋略，要有经商头脑才能做好生意。强调了在商业竞争中，策略和机智的重要性，以及它们在确保成功中的作用。

【原话】

三钱好分，二钱厄分。

【英译】

For greedy people, it is easy to divide three shares but hard to divide two shares.

【解释】

两人分三份东西，对方只拿一份，自己拿两份觉得公平；而两人分两份东西，各拿一份，自己觉得不公平。此俗语批评不顾公平正义、一心多占多拿、独占大头的自私的人。

【原话】

生意不成仁义在。

【英译】

Friendship endures beyond unsuccessful deals.

【解释】

交易未成，情谊依旧。强调了商业活动中，维持良好人际关系的重要性，即便交易未能成功。

【原话】

以饵钓鱼不吃亏。

【英译】

Using bait for fishing guarantees a catch.

【解释】

用诱饵钓鱼不亏本，强调了适当的投入能带来预期的回报，以及在追求目标时投资的必要性。

【原话】

只要货真不高价，不怕同行是冤家。

【英译】

The fine and reasonably priced goods stand out in competition.

【解释】

货真价实，无惧同行竞争。强调了产品的质量和合理定价在激烈的市场竞争中的重要性，以及这能够帮助商家保持竞争力。

【原话】

猪大不比肉起价。

【英译】

Market price rising offers more profit than the size of the pig.

【解释】

猪养得再大，也比不上生猪价格上涨赚钱多。描述了市场价格变动对养猪盈利的重要性，而非单纯依赖猪的体重增加。

【原话】

做生意人靠把嘴，赚不赚钱看嘴水①。

【英译】

Business success hinges on eloquence.

【注释】

①嘴水：口才。

【解释】

　生意靠口才，盈亏听言辞。强调了在商业活动中，良好的沟通能力和说服技巧对于成功的重要性，以及口才在影响生意盈亏中的作用。

【原话】

做盐想日毒，做田想雨下，卖棺材想人死。

【英译】

Desires align with one's livelihood.

【解释】

盐商盼晴天，农人望雨水，棺匠祈人终。描述了人们的希望和需求通常与其职业和生计直接相关，以及利益如何影响人们的愿望。

105

六、理财观念

　　这部分谚语和俗语探讨财富观念、经济行为、资金管理以及财务智慧，反映海南人对金钱、消费、借贷及财富创造的多维度理解。

【原话】

大吃大发财，小吃无路来。

【英译】

Lavish spending opens paths to wealth，whereas frugality closes doors to opportunities.

【解释】

　　大消费引财路，小节约阻碍机遇。强调了适度的消费能够激发财富增长的机会，而过分的节俭可能限制了探索市场经济发展的可能性。

【原话】

见小利败大财，重钱个①败钱千。

【英译】

Be penny wise but pound foolish.

【注释】

①钱个：一个铜板。

【解释】

　　贪小失大，省钱损财。强调了追求短期小利益可能导致长期大损失的经济原则，以及对财务决策的谨慎性的重要性。

【原话】

千钱不如八百现，八百不如六百到身。

【英译】

A bird in the hand is worth two in the bush.

【解释】

　　现实八百胜过虚许一千，实到六百胜过期待八百。强调了实际得到的少量财富比期待中的更多财富更有价值，以及对实际情况的重视超过对潜在可能性的期待。

【原话】

钱能通神。

【英译】

Money makes the mare go.

【解释】

财富能通天。形容财富的力量可以达到几乎任何目的，包括获得非凡的帮助或服务。

【原话】

钱寻人容易，人寻钱艰难。

【英译】

Money comes with opportunity.

【解释】

钱找人容易，人找钱艰难。形容财富获取的不易，以及机遇在财富积累中的重要作用。

【原话】

欠钱时是亲家，还钱时是仇家。

【英译】

Borrowing brings closeness, while repaying breeds hatred.

【解释】

借钱如亲家，还钱似仇人。形容金钱交易中的人际关系变化，以及借贷关系可能带来的人际关系紧张与矛盾。

【原话】

拾钱个，败钱千。

【英译】

Penny wise and pound foolish.

【解释】

小利得而损失大。比喻因为过分关注或追求小的利益，而导致放弃或失去更大的利益或者更重要的东西。

七、住宅出行

这部分谚语和俗语讨论住房条件和出行方式，强调了安全、舒适生活环境的重要性。

【原话】

出门不带得室。

【英译】

You can't take your home with you on the road.

【解释】

外出难携房产。形容在外旅行或生活时，无法享受家中的舒适与便利，以及离家的不便之处。

【原话】

出门看天色，入室看面色。

【英译】

Observe the sky when going out, and observe the master's looks while paying a visit.

【解释】

出远门要先查看天气情况，去别人家里要会看脸色，随机应变。强调了在不同环境中应对策略的重要性，包括对外在环境的观察和对他人情绪的敏感性。

【原话】

狗来富，猫来穷，蛇来偷鸡阉。

【英译】

It is believed that a dog brings fortune, a cat poverty and a snake misfortune.

【解释】

民间认为狗来家里能帮忙看家，有聚财的象征；猫光吃不干活，是败家的征兆；而蛇来家里就偷吃家禽，是家财流落的象征。形容动物象征意义在民间传统中的影响，以及它们给家庭财运带来的不同影响。

【原话】

驾车不要碾萝^①。

【英译】

Don't run over wild pineapples when passing by.

【注释】

①萝：野菠萝，身上有刺。

【解释】

指开车的时候不要碾压路边的野菠萝或者其他带刺植物，避免不必要的伤害。此俗语也奉劝人们为人处世不要只顾自己的前程，还要善待身边的人，避免有意无意对旁人的伤害，否则有可能惹到麻烦。

【原话】

捡脚^①跑。

【英译】

Run as quickly as possible.

【注释】

①捡脚：急忙抬腿。

【解释】

急速而行，匆匆离去。形容赶紧跑，略带尴尬或狼狈之态。

【原话】

穷家富路。

【英译】

Poor as one is, he should take more money while traveling far.

【解释】

指即使家道贫寒，出远门的时候也要多带些钱财，以备不时之需。强调了无论家庭经济状况如何，在进行远程旅行时应有充分的准备，特别是财务准备。

【原话】

人住室，室住人。

【英译】

Houses where people live in keep in good shape.

【解释】

人需居所，居所需人养。强调了人与房屋之间的相互依赖关系，以及保持房屋良好状态的共赢策略。

【原话】

山猪单①。

【英译】

A wild boar roams alone.

【注释】

①单：落单，形容独来独往。

【解释】

野公猪常常独自在荒山野岭窜来窜去觅食，形容某些人独立行事的性格，以及喜欢单独处理问题和挑战的倾向。

【原话】

蛇有蛇洞，蚁有蚁巢。

【英译】

As ants live in nests, snakes live in caves.

【解释】

蛇有蛇的洞穴，蚂蚁有蚂蚁的巢窝。形容每个生物都有自己的栖息地或家园的观念，以及每个人都有自己的归属和社会关系的存在。

【原话】

蛇知蛇洞，蚁知蚁穴。

【英译】

However little an ant is, it knows its nest. However ignorant a snake is, it knows its cave.

【解释】

蛇悉己洞，蚁识己穴。形容无论个体的能力或大小如何，都有归属感和对家的认同，以及本能找到归属地的功能。

【原话】

路不好借行，室不好借住。

【英译】

It is not advisable to allow passers-by to cross the base of the house or lend a house to someone else.

【解释】

指自家的宅基地不好让路人穿行，房子也不好借给别人住，因为宅基地让路人穿行久了就变成道路，要不回来了；房子借给别人住，住久了反而被他人占为己有。形容对私有财产的保护意识，以及外借土地或房屋可能带来的长期风险。

【原话】

室破门楼①在。

【英译】

Even in ruin, the loft endures.

【注释】

①门楼：建在大门上面的阁楼，借指高门大户。

【解释】

指即使房屋破旧还是看得出来昔日的光辉。形容不论当前状况如何，仍可见曾经辉煌的痕迹，以及潜在的重整旗鼓的可能性。

【原话】

衣食住行都平等。

【英译】

Clothing, food, shelter, and transport：all equally essential.

【解释】

衣食住行同等重要。描述生活中衣、食、住、行四大方面的重要性，以及它们对于人类生活的基础性作用。

【原话】

走马行船三分命。

【英译】

Life hangs by a thread on horseback or aboard a ship.

【解释】

旧时出行，一般是骑马或坐船，旅途充满危险。描述旧时旅行的危险性，以及对安全出行的重视。

八、农事活动

这部分谚语和俗语反映了海南农业生产和农村生活的智慧。强调人与自然和谐共处，倡导可持续的农业发展和环境保护。

【原话】

插秧过立秋，有秧插，没稻收。

【英译】

Sowing rice out of season promises no harvest.

【解释】

指插秧错过立秋节气，就没有收成。形容在农作物种植中，适时行动的重要性，以及错过最佳时机可能会导致失败。

【原话】

割胶有学问，用力要均匀，去皮不入木，不浅也不深。

【英译】

Tapping rubber demands precision：balanced force，careful not to cut too deep or too shallow into the bark.

【解释】

割胶是一门学问，把橡胶树上的胶汁从树上采下来，需要用力均匀割开橡胶树的外皮和韧皮，要求伤树少、耗皮少，切割面积够深、均匀，割线斜度平行，下刀、收刀整齐。描述了割胶的技术性和精细度，以及对橡胶树的保护意识。

【原话】

狗走过不碰胸。

【英译】

The rice sprouts are so sparse that a passing dog remains untouched.

【解释】

稻田稀疏，狗行无碍。形容稻田里稻苗生长的稀疏程度。

【原话】

家中种槟榔，胜过去南洋。

【英译】

Cultivating areca nuts surpasses seeking fortunes abroad.

【解释】

种植槟榔胜于远渡南洋谋生。形容种植槟榔是一种高效益的经济活动。

【原话】

牛不见水尿不出。

【英译】

Only by the water do cattle relieve themselves.

【解释】

描述了牛的一个习性，喜欢到水中尿尿。过去的农村人有早上盛牛尿的习惯，将牛牵到水边，牛一尿尿便将尿桶置在尿尿的位置盛下来做水肥。强调了条件与行为之间的直接关联，以及在特定环境下才能激发某些行为或反应的自然习性。

【原话】

牛怕毛露①哞②怕雨。

【英译】

It is not advisable to feed cattle in the morning or raining days.

【注释】

①毛露：露水。

②哞：黄牛。

【解释】

水牛畏露水，黄牛忌雨淋。描述牲畜健康管理的重要性，以及适宜的放牧或饲喂时间等问题。

【原话】

饲牛要知牛性①。

【英译】

It is vital to know cattle's temperament when raising them.

【注释】

①性：性格、脾气。

【解释】

养牛须懂牛脾性。强调了在养牛或任何工作中，了解被照顾对象或工作对象的性质和特点是成功的关键。

【原话】

饲牛与割草不一样。

【英译】

Raising cattle differs fundamentally from mowing grass.

【解释】

割草非放牛，工作各有法。放牛只需守着牛，牛就会自己吃草，而割草得自己动手。强调了不同工作之间本质的差异以及成功完成任务方式不一样。此俗语经常用来提醒人们明确自己的工作任务，不要玩忽职守。

【原话】

种胶看地势，割胶看天时。

【英译】

Cultivating rubber demands good land; harvesting requires the right moment.

【解释】

指种植橡胶选址很重要，要种在土地肥沃、日照时间长、雨水又充沛的地方。每天凌晨四五点是一天中割胶的最佳时间，这是一天中温度最低和湿度最大的时候。橡胶树经过一夜的休息和储蓄，树体内水分饱满，树的蒸腾作用处于微弱或停止状态，细胞的膨压作用达到了最大，所以这个时候是最适宜割胶的时间。

九、环境保护

这部分谚语和俗语展现了对自然环境和生态平衡的关注，反映了人与自然和谐共生的理念。

【原话】

人要文化，山要绿化。

【英译】

People need civilizing and mountains need foresting.

【解释】

指人需要学习文化知识，才能成为有用的人才；山上应该多栽树木，才能保护生态。强调了文化教育对人的重要性，以及绿化对环境保护的必要性。

【原话】

山上种满树，等于修水库；雨多它能吞，雨少它能吐。

【英译】

Reforesting mountains serves as creating reservoirs：it absorbs excess rain and releases water during droughts.

【解释】

形容植树造林对于抗旱防涝、调节气候、作物生长的重要作用。强调了植树造林在自然水循环中的双重角色，以及其对环境保护的贡献。

十、舆论信仰

这些谚语和俗语涉及社会观念和个人信仰，描述了舆论的不良导向和个人迷信观念，强调了独立思考和去伪存真的重要性。

【原话】

多人放屁成风胎①。

【英译】

United efforts can summon a storm.

【注释】

①风胎：台风。

【解释】

众人之力，可致风起。强调了团结协作的重要性，以及集体行动可以创造出意想不到的影响力。

【原话】

多人证龟证成鳖。

【英译】

Give a dog a bad name and hang him.

【解释】

龟和鳖虽看着相似，但却是两个物种。由于很多人都把龟说成鳖，大家就会真的把龟当作鳖。强调了公众意见的影响力，以及集体认同可能导致事实的扭曲。

【原话】

公爹四十一朵花，妇姆四十如苦瓜。

【英译】

At the age of 40, a man still looks young as flowers but a woman, at 40, looks as old as bitter gourd.

【解释】

男人到了40岁还像一朵花一样年轻，而女人40岁就很显老，脸上像苦瓜一样多皱纹。在旧时的海南乡村，不少妇女忙里忙外，操劳家务和生产劳动，而不少男人睡醒了就去喝老爸茶、吹牛聊天、打彩票，因此同年龄的妇女看起来比男人显老。不过，现在这种情况已有改善，男人也参与家务和生产劳动，因此这一俗语现在更多比喻妇女容颜易老。

【原话】

公爹嘴大食四方，妇姆嘴大守空房。

【英译】

It is superstitious to believe that a man with a big mouth enjoys life everywhere while a woman with a big mouth might end up nothing.

【解释】

男人嘴巴大能吃才有力气干活挣钱，女人能吃但不出去干活挣钱就会坐吃山空。这种区别对待男女外貌的观念及其对性别角色的影响具有一定的迷信色彩。

【原话】

过海姜辣。

【英译】

Ginger from afar is always spicier.

【解释】

他乡姜更辣。形容人们对外来事物的过分美化或理想化，以及对本土资源或人才的低估。

【原话】

好话人不见，歹话走千里 。

【英译】

Good news goes on crutches while bad news has wings.

【解释】

善言难行远，恶语千里扬。描述负面信息传播的速度远超正面信息，以及社会对信息传播特性的观察。

【原话】

好事不出村，歹事村传村。

【英译】

Virtues remain within，while vices travel beyond.

【解释】

佳行止于门，恶语遍乡邻。形容积极的行为往往被限制在小范围内传播，而负面行为则迅速扩散至更广的社区。

【原话】

三岁看大，七岁看老。

【英译】

Childhood shows the man, as morning shows the day.

【解释】

根据孩子小时候的表现就可以推断他长大是否能成才。这种看法只是一种推断，不一定准确。

【原话】

头大有钱使，脚大踏牛屎。

【英译】

According to the fortune teller, people with big heads look more promising while those with big feet end up making a living as farmers.

【解释】

海南民间的看相经，认为头大财运佳，脚大耕田家。这一说法没有科学根据。

【原话】

头额深，食官份。

【英译】

According to the fortune teller, people with a broad forehead may become an official in the future.

【解释】

海南民间的看相经，认为额头宽，有做官的面相。这一说法没有科学根据。

【原话】

头尖耳薄，泻屎①通年。

【英译】

According to the fortune teller, people with a narrow forehead and thin ears tend to be weak and sick.

【注释】

①泻屎：拉肚子，借指吃了就拉。

【解释】

海南民间的看相经，认为额头长得尖小、耳垂单薄的人体质多病，属于穷贱、苦命相。这一说法没有科学根据。

【原话】

眼大大会做官，眼圆圆会驳钱[1]。

【英译】

According to the fortune teller, a person with big eyes is likely to have a bright future.

【注释】

①驳钱：赚钱。

【解释】

眼睛大大圆圆显得聪明，以后有出息，可走仕途或经商。这是民间看相的一种经验，不具有科学性。

【原话】

眼皮跳兆祸。

【英译】

It is a sign of bad luck if your eyelids twitch.

【解释】

眼皮不停地跳，有祸将至。这是民间迷信的说法。

【原话】

有室有地人看起，无室无地人看低。

【英译】

Those who own property are looked up to while those who don't have are looked down upon.

【解释】

描述社会中财产与个人地位、尊严之间的直接联系，以及物质财富对社会认可度的影响。形容家世富裕，有房子有土地才被人敬仰，一穷二白易被别人看不起。

【原话】

远处鸡啼声好听。

【英译】

Distant roosters crow more sweetly.

【解释】

认为外地的鸡啼声悦耳动听，形容人们对远方或外来事物的理想化倾向。

【原话】

祖公埋对地方。

【英译】

It is believed that properly located ancestral graves bring prosperity to descendants.

【解释】

农村人埋葬先辈很讲究风水，如先辈的坟墓葬在风水宝地，则后辈能享荫福。类似祖坟冒青烟的意思。常用于调侃人的运气好，受到祖先的庇护。

十一、风情民俗

这部分谚语和俗语强调海南独有的风土人情，促进了文化多样性和民族认同，体现了对地方文化和传统习俗的尊重与传承。

【原话】

儋州自古称歌海，八月十五打擂台。

【英译】

Danzhou, a city celebrated as a sea of songs, hosts its traditional singing contest on the Mid-Autumn Festival annually.

【解释】

素有诗乡歌海之称的儋州在每年农历八月十五中秋节都要举办民间歌节。歌节发源于宋代，从儋州民歌活动演变而来。歌节从下午 3 时开始至 6 时是"赛歌会"，由一个村的一组男青年与另一个村的女青年各站一列，面对面进行对歌，直到唱倒对方为止。用海南话对歌称为"调声"，用儋州话对歌称"呃尚"。夜晚以村为主体举办"中秋情歌酒会"，青年男女对歌、敬酒、赏月、吃月饼，以歌传达感情。

【原话】

分①的不得取②，取的不得分。

【英译】

To achieve fairness，he who distributes the sharing food does not get a part.

【注释】

①分：划分，指依据多少人分为多少份。

②取：拿，即先拿。

【解释】

这句俗语源自海南琼海风俗"做公道"，它是多人凑份来做、分而食之的习俗。旧时为了解馋，众人合资买来三鸟（鸡、鸭、鹅）分吃，除了头、脚等部位要平分外，拇指大的鸡心脏也要等分，做到人人有份，即"做公道"或"吃公道"。为了体现公平，另外请人来分配食物，所以分食的人不得取，取的不得分，或者大家公选一人来分肉，依据多少人分为多少份，这个分肉的人必须等大家拿了，他再拿最后一份。

【原话】

各处有各处的例①，各地有各地的礼②。

【英译】

Custom varies from one place to another.

【注释】

①例：惯例。

②礼：礼仪，指各地有各地的民间约定和礼仪。

【解释】

地域各异，风俗礼仪各不同。形容地域文化差异性及其对当地风俗礼仪的影响。

【原话】

过室①都是人客。

【英译】

It is such a delight to have friends at home.

【注释】

①过室：串门。

【解释】

来到家中就是客人，尤其是在海南公期庆典期间，即使是主人不认识的朋友也受到热烈欢迎。形容海南地区深厚的好客传统和在特定节庆期间对待客人的特殊礼仪。

【原话】

海南三侨乡：琼山、琼海和文昌。

【英译】

The three renowned hometowns of overseas Chinese in Hainan：Qiongshan, Qionghai，and Wenchang.

【解释】

海南有三大侨乡，分别是琼山、琼海和文昌，其中文昌是最大的侨乡。

【原话】

海南无处不奇观，椰风海韵醉游人。

【英译】

With the landscape of coconut trees and the sea view，Hainan Island is full of wonders，which captivates every visitor.

【解释】

海南是一个如诗如画的热带滨海旅游度假胜地，随处可见椰树摇曳林立、蓝天白云沙滩，令游人流连忘返。

【原话】

回民不吃猪肉，黎民不吃狗肉。

【英译】

Hui people don't eat pork，and Li people don't eat dog meat.

【解释】

回民信仰伊斯兰教，根据伊斯兰教教义不吃不圣洁的肉食，猪是杂食动物被认为是不圣洁的，所以穆斯林都不吃猪肉。狗是黎族供奉的动物图腾之一，所以不吃狗肉。

【原话】

婚嫁无媒妁，踏歌①以相约。

【英译】

Li youth marry without matchmakers, sealing their bonds by singing and dancing together.

【注释】

①踏歌：踏足高歌，指载歌载舞。

【解释】

指黎族青年男女以对山歌为媒，情投意合即可成婚。不像汉族古时候那样，年轻人成婚须听从父母之命与媒妁之约。

【原话】

黎家山歌多，像天上的星星一样多，像山上的树叶一样多。

【英译】

Li people's folk songs are as vast as the stars above and as abundant as the leaves in the forests.

【解释】

描述黎族的民歌数目繁多。黎族青年男女婚嫁多以对山歌为媒。

【原话】

黎锦有图案，黎歌有韵脚①。

【英译】

Li brocade boasts intricate patterns, while Li songs carry melodious rhymes.

【注释】

①韵脚：即押韵。

【解释】

黎锦是黎族人民织的一种锦，常有人物、花、鸟等图案；黎歌是指黎族人所唱的山歌，歌词常带有押韵。突出了黎族文化中黎锦和黎歌的艺术特色和文化价值，展现了黎族人民深厚的艺术造诣和文化传统。

【原话】

哪里有海水，哪里就有海南人。

【英译】

Where there is seawater, there are Hainan people.

【解释】

形容海南是移民之乡，到国外谋生的人数众多，尤其以去东南亚沿海的国家居多，俗称"下南洋"。

【原话】

廿九三十^①夜晖。

【英译】

On the eve of the Chinese New Year.

【注释】

①廿九三十：每年阴历腊月（十二月），如果是大月有三十，腊月三十就是大年三十。如果赶上小月，只有二十九天，那么，腊月二十九（廿九）就是"大年三十"了，第二天就是春节。

【解释】

春节是中国最隆重的传统节日，所有的年货都要在二十九或三十夜晚前准备好。形容节日或大事临近，一切都要准备妥当。

【原话】

侨乡多怪事，饲子不识父。

【英译】

In emigrant lands, it is peculiar how children grow up not recognizing their fathers' appearances.

【解释】

指旧时海南侨乡婚后不久的年轻人只身下南洋谋生，留下妻子和孩子在家，孩子长大后都不知道父亲的样子。此俗语反映了旧时海南人"去番"（下南洋）谋生、拼搏的辛酸体验。

【原话】

琼州华侨嘴同味，人人爱吃文昌鸡；琼州华侨心同味^①，人人爱看海南戏。

【英译】

Hainanese abroad share a taste for Wenchang chicken and a passion for Hainanese opera.

【注释】
①味：趣味。
【解释】
指海南华侨喜欢家乡的味道和家乡的文化，喜欢吃文昌鸡，爱看海南戏。

【原话】
去番①不知老。
【英译】
Time flies unnoticed for those seeking livelihood abroad.
【注释】
①番：东南亚沿海国家或地区，俗称"南洋"。
【解释】
出国谋生，时光飞逝，不知不觉都变老了。形容海外生活中时间快速流逝的感受，尤其是在异国他乡谋生的人们，常常在不知不觉中发现自己已步入老年。

【原话】
劝君莫去番，去时容易回时难。
【英译】
Advise you not to go to Southeast Asia for work or living, for it's easy to go but hard to return.
【解释】
形容早期海南人下南洋的窘境，大部分人都是靠当苦力谋生，生活相当艰苦，能不能回乡都是未知数。

【原话】
赛人①如山鸡种，觅吃一山又一山。
【英译】
The Li people, akin to pheasants, roamed from one mountain to another in search of food.
【注释】
①赛人：依据方言、服饰等差别，海南的黎族分为五支，赛人是其中一支。

【解释】

形容旧时黎族人过着游居生活，与山鸡在山林间寻觅食物的生存状态相似。

【原话】

三十夜晖刀砧不得闲。

【英译】

On the eve of the Spring Festival, kitchen knives and cutting boards are in constant use.

【解释】

大年三十家家户户都忙着做年夜饭，厨房刀和砧板忙个不停。形容春节前夕家庭准备年夜饭的繁忙景象，以及这种忙碌给家庭带来的喜悦和温馨氛围。

【原话】

三月清明扫墓期，人行坡上如闹市。

【英译】

On the Tomb-Sweeping Day in lunar March, cemeteries resemble bustling markets with crowds paying respects to ancestors.

【解释】

清明时节祭祖忙，坡上人潮似市场。形容清明节扫墓祭祖的传统习俗，以及这一节日期间祭祖活动的普遍性和盛大场面，强调了家庭对祖先的敬仰和记忆。

【原话】

巡村。

【英译】

In their leisure, villagers enjoy making rounds from one house to another for chats.

【解释】

指村民闲暇时在村里串门聊天。描述村民闲暇时互相拜访、交流的习惯，体现了乡村社会的亲密和谐关系和人际交往的温暖。

【原话】

一年一砍山，两年一搬家。

【英译】

The Miao people historically practiced shifting cultivation, relocating their homes biennially.

【解释】

在海南岛苗族被视为客体黎苗，解放前过着刀耕火种的生活，每年春天砍树放火烧山种庄稼。被烧山后的大自然短期内难以恢复生态，所以要搬去另一个地方"砍山"。形容昔日黎苗族的游居生活。

【原话】

正月无闲鸡，六月无闲犁。

【英译】

In the first lunar month, every household slaughters chickens for celebration; in June, every plough is in use for the busy farming season.

【解释】

正月春节期间，海南家家户户都杀鸡过年或待客；海南水稻一般是两季，六月正是早稻收割、晚稻播种季节，所以农活忙碌。描述春节期间家家户户忙于宴请和过年的热闹景象，以及夏季农忙时节每个家庭都在忙于耕作的文化特色。

第五章

自然实践

一、气象变化

这部分谚语和俗语形象生动地反映了海南地区独特的气候特征和天气现象，以及这些自然条件对日常生活和农业生产的影响。

【原话】

岛北寒死鱼，岛南脱寒衣。

【英译】

The winter of the northern Hainan Island can be freezing cold while that of the southern part is as warm as summer.

【解释】

海南冬天南北部温差很大，北部海口市低温可达到5℃～6℃，而南部三亚市的平均气温在23℃～30℃。形容海南岛北部与南部在冬季气温上的巨大差异，以及这种特殊气候条件给当地居民生活带来的影响。

【原话】

过了三月三，人人穿单衣。

【英译】

People can go out in shirt after lunar March 3rd for it gets warm in Hainan.

【解释】

指在海南过了农历三月初三，天气变暖，可以穿薄衬衫出门。

【原话】

过了五月节①，才把棉芯②收。

【英译】

The quilts will not be packed up after the Dragon Boat Festival, as pre-summer chills linger in Hainan.

【注释】

①五月节：端午节。

②棉芯：棉被。

【解释】

指过了农历五月初五端午节，才能把棉被收起来，因为在端午节前，海南气候反复无常，经常变温。

【原话】

海南无老虎，台风比虎强。

【英译】

Though Hainan harbors no tigers, the ferocity of its typhoons surpasses that of any tiger.

【解释】

海南素有"台风走廊"之称，台风对海南影响期长达 7 个月以上，影响明显时间集中在 5~10 月。2024 年 9 月 6 日的超强台风"摩羯"登陆文昌市翁田镇时中心附近最大风力 17 级以上，成为了 1949 年以来登陆我国最强的秋台风。台风猛如虎形象地描述了海南台风的威力。

【原话】

鸡晒脚，做大水。

【英译】

Heavy rain is imminent when chickens are seen sunning their claws.

【解释】

鸡展爪晒太阳，预兆暴雨将至。

【原话】

南风①不过篱，北风②过针鼻③。

【英译】

The south wind brings warmth while the north wind is as bleak as knives.

【注释】

①南风：南方吹过来的风，南风吹来就升温。

②北风：北方吹过来的风，北风一吹就降温。

③针鼻：针眼。

【解释】

指南风吹，天气变暖；北风吹，天气变冷，寒冷的北风无孔不入。

【原话】

牛岭多鬼怪，雨到此分界。

【英译】

Niu Ridge astonishingly delineates the rainfall boundary.

【解释】

牛岭，得名于其独特的牛形山脊，位于万宁市和陵水黎族自治县分界处。每当冷空气从北方来到海南的时候，受到牛岭的阻隔在迎风的北坡形成降水，背风的南岭则干爽如常。牛岭也因此成了海南南北气候的分割线，将海南分成北部的北热带区和南部的中热带区。因此常常在万宁境内乌云密布甚至阴雨绵绵，过了牛岭隧道陵水境内就艳阳高照，这就是牛岭"牛头下雨牛尾晴"的奇观。

【原话】

七八月，鸡脚白。

【英译】

Chicken claws are soaked and turn white in the typhoon seasons of July and August.

【解释】

海南七八月正值台风季节，下雨多，鸡脚都被泡白了。形容海南七八月份台风暴雨频繁。

【原话】

天上无云①就下雨，日头②高高就天黑。

【英译】

A storm may arise from a clear sky; with the sun high, darkness can swiftly take.

【注释】

①云：云朵，代指乌云。

②日头：太阳。

【解释】

海南是热带海岛，受海洋气候影响，气候变化多端，天上无黑云就下雨，阳光明媚突然就转为乌云密布也是常有的现象。寓意事变无常，意料之外。

【原话】

五月南风起，大雨下不止。

【英译】

The south wind in May brings endless heavy rains.

【解释】

五月南风吹，倾盆大雨连绵不绝。

【原话】

有雷无风，大雨跑光光。

【英译】

Thunders without winds signal that heavy rain will not fall.

【解释】

如果光打雷不刮风，天就不会下雨，即有雷而无风，大雨不会降临。

【原话】

雨脚快，人脚迟。

【英译】

Rain falls rapidly, outpacing those seeking shelter.

【解释】

雨势突如其来且迅猛，让人躲避不及。

【原话】

月打圈，水流路。

【英译】

A halo around the moon signals impending rainfall.

【解释】

月亮环绕晕圈，雨水即将降临，同"月亮镶银边，老天马上要下雨"的意思。

【原话】

早上红云落大雨，夜晖红会刮大风。

【英译】

Red sky in the morning, sailors take warning. Red sky at night, sailors' delight.

【解释】

早晨红云预示大雨，傍晚红霞预告大风。同"早霞不出门，晚霞行千里"的意思。

二、节气时令

这部分谚语和俗语展现了农业生产、日常生活与传统节气紧密相连的文化特色。这些谚语不仅揭示了节气在农业生产中的指导作用，也反映了人们对自然规律的深刻理解和尊重。

【原话】

初三见月初四光，初五月上吃夜晖①。

【英译】

According to the lunar calendar, the crescent moon first appears on the third day, brightens on the fourth, and by the fifth day, provides enough light for evening meals.

【注释】

①夜晖：晚饭。

【解释】

指按照农历，月亮从初三开始显现为细弯的月牙，至初四变得更亮，到初五时月光已足够亮，看得见吃饭，反映了月相变化对日常生活的影响。

【原话】

立秋①处暑②，鱼虾晒死。

【英译】

During the Start of Autumn and the End of Heat，the extreme heat can be fatal to fish and shrimp.

【注释】

①立秋：于每年公历 8 月 7 日或 8 日交节，是"二十四节气"之第十三个节气，是秋季的起始。

②处暑：于每年公历 8 月 22 日至 24 日交节，是二十四节气之第十四个节气，也是秋季的第二个节气。

【解释】

在立秋和处暑这两个节气期间，鱼虾被晒死。形容海南在立秋和处暑期间，气温炎热无比。

【原话】

立秋不下雨，天旱四十五①。

【英译】

If there is no rain on Start of Autumn，a drought coming.

【注释】

①四十五：指一段时间。

【解释】

指立秋不下雨，天气就会干旱一段时间。

【原话】

农历初八，月上眼睡①。

【英译】

On the eighth of lunar calendar，villagers go to bed at the sight of the moonrise.

【注释】

①眼睡：上床睡觉。

【解释】

农历初八夜晚，月亮早升，古时村民见月即寝，遵循自然规律安排作息。

【原话】

三月薯藤①软，好吃过鸡腿。

【英译】

The sweet potato leaves in March are tenderer and more delicious than chicken legs.

【注释】

①薯藤：指番薯（地瓜）叶。

【解释】

三月地瓜叶之鲜嫩，味美超过鸡腿，突显季节蔬菜的独特风味。虾酱炒地瓜叶是琼菜代表性菜品之一。

【原话】

十五月圆，十六亮。

【英译】

The moon is fullest on the fifteenth and brightest on the sixteenth of each lunar month.

【解释】

农历每月的十五日见月圆之美，十六日见月光之亮。自然之理，寓意人各有所长，各有所贡献。

【原话】

一年四季农事忙，廿四节气①不等人。正月立春雨水到，除草施肥把土松。二月惊蛰春分近，大搞绿肥把树种。三月清明和谷雨，种薯种芋种杂粮。四月立夏到小满，菠萝上市胡椒红。五月芒种又夏至，割稻放种早犁田。六月小暑到大暑，插秧补苗勤用工。七月立秋处暑日，翻秋落生快下种。八月白露到秋分，秋薯除草禾除虫。九月寒露与霜降，防风防洪护宅房。十月立冬又小雪，割完水稻种菜忙。十一月大雪冬至，赶紧犁田来晒冬。十二月小寒大寒，插秧过年乐洋洋，丰衣足食靠双手，一年辛苦得报偿。

【英译】

As the 24 solar terms wait for no one, farmers are busy with farm work all the year round. During the Beginning of Spring and Rain Water in lunar January, they weed, fertilize and loosen the soil for planting crops. Close to Awakening of Insects and Spring Equinox in lunar February, they store fertilizer to plant trees. Pure Brightness and

Grain Rain in lunar March are good seasons for growing sweet potatoes, taros and various kinds of cereals. During the period of Beginning of Summer and Grain Buds in lunar April, pineapples become mature enough to be sold in markets, and peppers turn red for harvest. After the harvest of rice in Grain in Ear and Summer Solstice in lunar May, seedlings are cultivated and the fields are plowed early. Then come Minor Heat and Major Heat, seedlings are transplanted and re-transplanted if necessary. During the Beginning of Autumn and End of Heat in lunar July, peanuts are harvested and then sown quickly. From White Dew to Autumn Equinox in August, it is time to weed the sweet potato and spray the seedling insecticide. When Cold Dew and Frost's Descent come, it is necessary to prevent typhoon and flood, and reinforce houses as well. From Beginning of winter to Minor snow in lunar October, farmers are busy planting vegetables after harvesting rice. After Major Snow and Solstice, they hurry to plow the fields for the next spring. After transplanting the rice seedlings in Minor Cold and Major Cold in lunar December, they can enjoy a fruitful year and celebrate Chinese New Year joyfully. Self-reliance brings them enough food and prosperity and a year's hard work is rewarded.

【注释】

①廿四节气：二十四节气，是中国人通过观察太阳周年运动，认知一年中时令、气候、物候等方面变化规律所形成的知识体系和社会实践。二十四节气指导着传统农业生产和日常生活，是中国传统历法体系及其相关实践活动的重要组成部分。二十四节气分别为：立春、雨水、惊蛰、春分、清明、谷雨、立夏、小满、芒种、夏至、小暑、大暑、立秋、处暑、白露、秋分、寒露、霜降、立冬、小雪、大雪、冬至、小寒、大寒。

【解释】

农民全年紧随二十四节气的步伐，开展各项农务活动。立春至雨水，进行土地准备工作；惊蛰至春分，着手沤肥与植树；清明至谷雨，是播种红薯、芋头和杂粮的最佳时机；立夏至小满，菠萝和胡椒进入收获季节；芒种至夏至，完成水稻收割并准备秧苗，及时进行土地耕作；小暑至大暑，关注水稻的插秧与补苗；立秋至处暑，是收获花生和播种的关键期；白露至秋分，专注于番薯的除草和禾苗害虫防治；寒露至霜降，加强对台风和洪水的防范；立冬至小雪，忙于收割水稻和种植蔬菜；大雪至冬至，加紧进行土地耕作，为春季种植做准备；小寒至大寒，完成水稻的插秧，迎接新年的到来。一年的辛勤工作换来丰收的喜悦，实现自给自足的目标。

【原话】

种田看节气，出海看流水①。

【英译】

Farmers sow rice based on the 24 solar terms while fishermen set sail based on the currents.

【注释】

①流水：海洋潮流。

【解释】

指农民根据节气种植稻谷，渔民根据潮水出海打鱼。

三、名胜特产

这部分谚语和俗语不仅展现了海南地区独特的自然景观、丰富的资源与特色产品，也反映了人们对自然资源的珍视与合理利用，以及这些资源与当地社会经济、文化生活的紧密联系。

【原话】

八所生黄金，石碌生黑金。

【英译】

Basuo Town produces gold, while Shilu Town is rich in iron ore, known as "black gold".

【解释】

东方市八所镇盛产黄金，昌江黎族自治县石碌镇盛产铁矿，经济价值高，被视为黑色的黄金。

【原话】

保亭、保亭，七分山水三分田。

【英译】

Baoting County, situated in the south-central region of Hainan Island, is characterized by its numerous mountains, outnumbering its fields.

【解释】

保亭境内山多田少。

【原话】

昌洒西瓜甜又脆，吃到肚饱嘴不辞。

【英译】

Sweet and crisp, the watermelons produced at Changsa, Wenchang city are beloved by many.

【解释】

文昌市昌洒镇产的西瓜又甜又脆，深受人们的喜爱。

【原话】

海南坡鹿，东方独有。

【英译】

Eld's Deer are unique to Dongfang, Hainan.

【解释】

海南坡鹿是国家一级保护动物，唯海南东方市独有。

【原话】

海南三大宝：椰子、槟榔和橡胶。

【英译】

There are three treasures in Hainan: coconut, areca and rubber.

【解释】

海南的三大特色农产业：椰子、槟榔和橡胶。

【原话】

海南椰子半天下，文昌椰子半海南。

【英译】

Hainan's coconut production accounts for half of China's total, with Wenchang contributing half of Hainan's output.

【解释】

指海南椰子产量占全国总产量的一半，海南椰子有一半产自文昌市。椰子全身皆宝，果肉、果汁、果壳皆有用处，其中文昌东郊椰子最负盛名。

【原话】

尖峰高上天，岭上有天池。

【英译】

Jianfeng Mountain rises high into the sky, crowned with a serene lake at its summit.

【解释】

尖峰岭拥有茂密的原始森林，远远望去整座山体就像一个刀削般的尖尖山岭，从而得名。在这里除了享受登山的乐趣，还可欣赏美丽的天池之景，水平如镜，清澈见底，享有"天涯第一池"的美誉。

【原话】

咖啡开花朵朵白，树上结果串串红。

【英译】

Coffee trees bloom with white flowers, followed by clusters of vibrant red fruits.

【解释】

咖啡树开洁白的花朵，结出一串串鲜艳的红色果实。

【原话】

哪里有椰林，哪里就有人家。

【英译】

Wherever coconut trees grow, people thrive.

【解释】

椰林通常被认为是适合人类居住和生活的地方，因为椰子提供了食物、饮料和其他生活必需品。因此，当我们看到椰林的存在时，可以推断附近也会有人居住。

【原话】

哪里种有橡胶，哪里就有华侨。

【英译】

Where there are rubber trees, there are overseas Chinese.

【解释】

海南的橡胶树大多是华侨从东南亚引进的，所以说：哪里有橡胶，哪里就有华侨。形容一代又一代的华侨为中国的橡胶事业作出了卓越的贡献。

【原话】

琼中包蜜，大过菠萝甜过蜜。

【英译】

Jackfruit from Qiongzhong County is bigger than pineapple and sweeter than honey.

【解释】

琼中产的菠萝蜜品质优良，又大又甜。

【原话】

人生七十古来稀，椰树百岁还结籽。

【英译】

In ancient time, a man reaching seventy is rare, yet even at a hundred, coconut trees still bear fruit.

【解释】

在过去艰苦的年代，能活到 70 岁的人是很罕见的，但是百年椰树还能开花结果。强调了椰树的长寿和生命力强。

【原话】

躺山尼①树下等山尼落下嘴。

【英译】

A man lies under the myrtle bush waiting for a myrtle to fall into his mouth.

【注释】

①山尼：又称桃金娘，山上野果，长在海南野外山坡上。

【解释】

海南的山坡上长满了山尼灌木，一到夏天，硕果累累。常用来形容生活富庶舒适，躺在树下等山尼掉下来再吃。

【原话】

屯昌地灵生水晶。

【英译】

Tunchang County is rich in crystal minerals.

【解释】

屯昌县地处海南岛中部，境内矿产资源丰富，尤其是水晶矿藏丰富。

【原话】

温泉水，热如汤，常泡温泉不生疮。

【英译】

Hot spring, as hot as boiling water, is a cure for skin sores.

【解释】

海南岛多个地方有温泉，如琼海温泉镇，保亭七仙岭，还有三亚的南田农场等。温泉中含有较高的硫磺成分，所含的硫酸根离子或游离硫磺泉，对患暗疮、牛皮癣、神经性皮炎、慢性湿疹等皮肤病有明显的疗效。

【原话】

文昌鸡，嘉积鸭，驰名东南亚。

【英译】

Hainan cuisine, such as Wenchang chicken and Jiaji duck, enjoys a high reputation in Southeast Asia.

【解释】

海南文昌鸡和嘉积鸭在东南亚一带非常有名，备受推崇，成为华侨难忘的家乡味。海南有四大名菜：文昌鸡、嘉积鸭、东山羊、和乐蟹。

【原话】

五斤鹧鸪四斤油。

【英译】

A five-pound partridge can have as much as four pounds of oil.

【解释】

海南五指山的鹧鸪鸟很肥。海南岛四季常绿，为喜食植物果实的鹧鸪鸟提供了丰富的食物。

【原话】

五指山上五座峰，万泉河里万道泉。

【英译】

There are five peaks on Wuzhi Mountains and countless springs in Wanquan River.

【解释】

五指山位于海南岛中部，由五座山峰组成，五指山因此得名；万泉河在琼海境内，河里泉眼众多。

【原话】

西珠①不如东珠②，东珠不如南珠③。

【英译】

Among the pearls produced in Europe, Japan and South Sea, the South Sea pearls are the best.

【注释】

①西珠：欧洲珍珠。

②东珠：日本珍珠。

③南珠：南海珍珠。

【解释】

欧洲产的珍珠不如日本产的珍珠，日本产的珍珠不如南海产的珍珠。

【原话】

要金要银不如要胡椒仁。

【英译】

It is better to have pepper corns than gold or silver.

【注释】

①胡椒仁：胡椒树的果实。

【解释】

指胡椒的经济价值高，是财富的象征。

【原话】

椰子树四季开花，槟榔树四季常青。

【英译】

Coconut trees bloom throughout the four seasons, while betel nut trees remain evergreen all the year round.

【解释】

指椰子树四季开花结果，槟榔树四季叶子青绿。

【原话】

椰子愈老肉愈厚，包蜜①愈老包愈甜。

【英译】

The older the coconut, the thicker the pulp. The older the jackfruit trees, the sweeter the pulp.

【注释】
①包蜜：菠萝蜜。

【解释】

椰子和菠萝蜜都是海南的特色热带水果，椰子肉越老越厚，菠萝蜜树越老果肉越甜。

四、实践为本

这部分谚语和俗语不仅传达了深刻的生活哲理，也体现了海南人勤劳、实践、乐观的生活态度，强调了在面对生活和工作中的困难与挑战时，应该坚持实践探索，勇于经历和克服，从而达到成长和成功。

【原话】
不行暗路不知苦。

【英译】

Only those who have traveled in the dark understand the true struggles of the journey.

【解释】

只有亲身走过夜路的人，才能真切感受到旅途中的艰难与挑战。形容凡事只有经历过才知道其中的艰苦。

【原话】
常讲嘴里顺，常做手不笨。

【英译】

Frequent speaking smooths the tongue, and constant practice makes skillful hands.

【解释】

经常讲话能提升口才，勤于练习能增强手的灵活性。这说明了通过实践能够有效提高技能，用以激励人们持之以恒地学习和练习。

【原话】

当家那知柴米贵，出门那知行路难。

【英译】

Only by taking charge of household affairs can one truly know the cost of living; only by embarking on a journey can one fully understand its challenges.

【解释】

只有亲自管理家务，才能深刻知晓日常生活费用的花销；亲身踏上旅程，才能了解旅途的艰辛。说明只有通过亲身经历和实践，人们才能深刻理解面临的困难和挑战。

【原话】

耳听不如眼到，嘴讲不如身到。

【英译】

Seeing is better than hearing, and action speaks louder than speech.

【解释】

耳闻不如眼见，空话不如行动。说明亲眼所见远比道听途说来得可靠，实际行动远胜于空洞的言语。

【原话】

鸡不宰不知肥。

【英译】

Only when a chicken is slaughtered can its plumpness be known.

【解释】

杀鸡煺毛后，就可以看到鸡的皮下脂肪。所以不宰杀鸡前，难以判断其是否肥美。比喻在事情结束前难以判断最终结果，也意味着只有经历到最后一刻，才能明了胜负成败。

【原话】

见过不如人做过，做过不如人做多多。

【英译】

Seeing is not as good as doing, and doing more is better than just doing.

【解释】

亲眼见过不如亲自动手，一次动手不如多次实践。说明观察他人操作不如亲身经历，偶尔尝试不及频繁练习。强调通过不断实践，技能与知识才能得以精进。

【原话】

看人挑担不吃力，事非经过不知难。

【英译】

It is easier said than done.

【解释】

观看他人挑担子似乎轻而易举，实则亲身尝试方能知晓其艰辛。说明只有亲自经历，才能真正理解事情的难易程度。

【原话】

山歌不唱忘得快，好田不种草成堆。

【英译】

Folk songs are easily forgotten when not sung. Likewise, a good field without cultivating grows grass wildly.

【解释】

山歌不唱易忘记，良田荒废就长满草。形容无论何事，唯有通过持续的实践与练习，才能达到熟练与精通。

【原话】

饲猴饲鸟，家业败了了。

【英译】

Keeping pets such as monkeys and birds leads to the downfall of family wealth.

【解释】

养猴喂鸟，家财消散。传统观念认为，养宠物如猴子、小鸟是消遣之举，容易导致人沉迷玩乐，忽视事业，最终导致家道中落。

【原话】

糖了①铃也静。

【注释】

①了：终了，指卖完了。

【英译】

Once the candies are sold, the bell falls silent.

【解释】

旧时小货郎走村串巷做买卖，总是边摇铃边叫卖。一旦糖果售罄，铃声随之消失。意味着任务一旦完成，所有的动作也随之停止。

【原话】

天下事物无全美，天上太阳也有斑。

【英译】

The brightest of all things, the sun, has its spots.

【解释】

世上无完美，连太阳亦有黑点。比喻这世间万物，无一事物能达到绝对的完美，即便是光辉灿烂的太阳，也有其不尽完美之处。

【原话】

有头总有笠①戴。

【英译】

There is always one way out.

【注释】

①笠：斗笠。

【解释】

凡是有头，定能找到合适的帽子戴。借指无论遇到什么难题，总能找到解决办法。

【原话】

欲想吃肉要近砧，欲想捉鸡近鸡寮。

【英译】

To eat meat, one must approach the chopping block; To catch chickens, one must approach the chicken coop.

【解释】

想吃肉得靠近砧板，想捉鸡必须走近鸡舍。形容要想实现目标，就要积极采取行动。

【原话】

坐船厄^①知水深浅。

【英译】

He who sits in a boat knows little about the depth of the river.

【注释】

①厄：难。

【解释】

坐在船上难以感知水的深浅。指只有亲身经历或深入调查，才能真正了解情况。

【原话】

坐人不知站人苦，饱人不知饿人肚。

【英译】

Those at ease may not understand the struggles of the weary; those well-fed may not comprehend the pangs of the hungry.

【解释】

坐着的人体会不到站立的辛苦，饱腹的人体会不到饥肠辘辘的难受，反映了不同生活体验状态的人难以相互理解。

五、认识本质

这部分谚语和俗语不仅反映了当地人对生活的深刻理解和观察，也体现了他们在面对自然、社会和人际关系时，始终坚持寻求真理、认识本质的智慧和态度。

【原话】

不信豆腐是麦^①做的。

【英译】

It's clear that tofu is not made from corn.

【注释】

①麦：玉麦的简称。玉麦、玉粱、粟米、苞米等都是玉米的别称。

【解释】

不相信豆腐是用玉米做成的，意味着对某件事有绝对的信心和确信。

【原话】

除布缕①不见仔。

【英译】

All that remains are mere scraps of cloth.

【注释】

①布缕：布片，指包裹孩子的衣服。

【解释】

除了布片，找不到孩子的踪迹。比喻去除了表面的东西后，却发现没有剩下多少有用的东西。

【原话】

穿山屐从你的肚里过。

【英译】

It's as if I've walked through your belly in clogs.

【解释】

旧时海南人喜穿木屐。这句话形容如同穿木屐从你的肚内穿过，比喻对某人的意图和心思了解透彻，致使其任何计谋都难以奏效。

【原话】

刀利不削得柄。

【英译】

A sharp knife cannot cut its handle.

【解释】

即使是最锋利的刀也无法削掉自己的把柄。这象征着即使是最能干的人，也有自己无法解决的问题。

【原话】

盖得缸嘴不盖得坛嘴。

【英译】

Gossips have wings.

【解释】

指盖得了缸口，又盖不住瓮口。形容人多嘴杂，难以隐瞒秘密。

【原话】

甘蔗无虫，世上无人。

【英译】

If there is sugar cane without insects, there are no humans in the world.

【解释】

甘蔗会长虫，正如这世上没有绝对完美的人。比喻万物皆有瑕疵，人无完人。

【原话】

公①打不查②识功③。

【英译】

Thunder strikes whatever gets its way.

【注释】

①公：雷公。

②不查：不管、不顾。

③识功：会武功。

【解释】

指雷霆所到之处，世间万物皆被击打。象征在强大的自然力量面前，一切都显得渺小无力。

【原话】

皇帝有钱不买得命。

【英译】

An emperor is rich but can't buy his life.

【解释】

即便皇帝富可敌国，亦不能以财富买命。形容在面对死亡时，无论贫富贵贱，人人皆平等，钱财并非解决一切问题的关键。

【原话】

鸡蛋多密①都出仔。

【英译】

Time reveals all things.

【注释】

①密：密实，形容没有任何缝隙。

【解释】

即便鸡蛋外壳无任何缝隙，小鸡终将破壳而出。暗示无论事物多么隐秘，终将被时间揭露。

【原话】

鸡尻雕放不出鹅蛋。

【英译】

It's impossible for a hen to lay a goose's egg.

【解释】

鸡只能下鸡蛋，而不能下鹅蛋。鸡蛋小鹅蛋大，用以比喻事物或人不可能超出其本质或能力范畴。

【原话】

鸡心鸭心人吃透，人心厄①看人心透。

【英译】

It is hard to read a man's mind.

【注释】

①厄：难。

【解释】

人们虽能轻易了解鸡鸭内脏，但洞悉人心却远非易事，说明人心复杂难以预测。

【原话】

今旦①不讲得昕旦②话。

【英译】

Today's decisions don't necessarily dictate tomorrow's outcomes.

【注释】

①今旦：今天。

②昕旦：明天。

【解释】

今日所见不足以定明日之事，反映出事态可能随时转变，劝人不应轻易对未来做出承诺。

【原话】

镰刀锯不倒大榕树。

【英译】

A sickle cannot fell a banyan tree.

【解释】

镰刀是用来割禾、割草用的，不能当作木锯使用。形容工具威力小，无法达成目的。

【原话】

毛露水怕阳，老鼠怕日头。

【英译】

Dew fears the sun and mice fear sunlight.

【注释】

①日头：白天。

【解释】

露水在阳光下会迅速蒸发，老鼠在白天容易被发现。形容暗中干坏事的人害怕暴露。

【原话】

没有土砌不成墙，没有秧种不出粮。

【英译】

Without soil, there's no wall; without seedlings, no grain.

【解释】

没有土无法砌墙，没有种子无法种庄稼。比喻办事情需要具备一定的物质条件，也指人才的成长需要有适宜的环境。

【原话】

乜①刺②都塞得路。

【英译】

All thorny plants can serve as fences.

【注释】

①乜：什么样的。

②刺：仙人掌、野菠萝等有刺的植物。泛指有刺的植物。

【解释】

任何带刺的植物均可作篱笆，意指一切资源都有其用途，无论看似多么普通或不起眼。

【原话】

哪都是乜天乜日。

【英译】

Everywhere shares the same sky and sun.

【解释】

无论身处何地，我们所见的天空和太阳始终如一，象征自然规律的普遍性和一致性。同时，暗示不同地方的生活状况和环境因素大体相同。

【原话】

三钱①鸡仔②看透肫③。

【英译】

The newly hatched chick is so delicate that its internal organs, including the gizzard, are visibly transparent.

【注释】

①三钱：0.3两。

②三钱鸡仔：指刚刚孵化脱壳的小鸡。

③肫：鸟、家禽类的胃。

【解释】

新孵化出的小鸡体型纤小并略显透明，使其内部结构一目了然，寓意为有洞察力的人能轻易看透事物的本质。

【原话】

生有时，死有日。

【英译】

Life and death each have their own appointed times.

【解释】

生死有定数。形容生与死都遵循自然的法则，都是有定数的。

【原话】

是酸是甜，吃过的人明白；是远是近，行过的人知道。

【英译】

Only those who have tasted know its flavor; only those who have traveled know the distance.

【解释】

品尝知酸甜，践行知远近。形容实践出真知，实践是检验真理的唯一标准。

【原话】

天变一时，人变一刻。

【英译】

As swiftly as the sky shifts, so does a person's mind.

【解释】

如同天气之迅速变换，人心的变化无常，难以预测且令人难以把握。

【原话】

有猫不知猫功劳，无猫那知①老鼠坏。

【英译】

Only in the cat's absence do we recognize its value in keeping mice at bay.

【注释】

①那知：方知。

【解释】

当有猫在时，不曾意识到猫捉老鼠的功劳；失去猫后，才明白老鼠之害。形容通常对他人的贡献缺乏认识，直到失去他们之后，我们才能真正意识到他们的价值。

【原话】

灶里无柴厄①引火，鼎里无米厄煮饭。

【英译】

You can't make something out of nothing.

【注释】

①厄：难。

【解释】

没有柴无法生火，没有米也做不出饭来，同"巧妇难为无米之炊"的意思。

六、掌握规律

这部分谚语和俗语不仅体现了当地人对自然环境的深刻理解，也反映了他们在日常生活和生产实践中，利用和遵循自然规律以及社会规律的智慧和策略。

【原话】

按山取材。

【英译】

Utilizing resources based on their availability in the environment.

【解释】

山上有什么材料就用什么。形容根据实际情况选用材料，引申为因地制宜，灵活而有效地选用人才，充分发挥其长处，把事情做到最优化。

【原话】

扁豆不打自己扁，刺子不磨自己尖。

【英译】

Nature will have its course.

【注释】

①刺子：带刺的植株。

【解释】

扁豆天生扁，刺子生来尖，无须人为加工。形容自然界中许多特性和属性是与生俱来的。

【原话】

不看碗里饭，看脸上肉。

【英译】

From one small clue, one can see what is coming.

【解释】

无须深究某人的每日饮食，观其外貌便知其财富或健康状况，正如"一叶知秋"所言，小处见大意。

【原话】

打石看石纹，看病问病根。

【英译】

Tricks of the trade can make things easier.

【解释】

打刻石头时观察石材纹理，治疗时询问疾病根源。比喻做事要讲究方法，解决问题要着眼于根本。

【原话】

大物可以作小物用。

【英译】

Larger items can serve the functions of smaller ones.

【解释】

大物件可以当小物件用，引申为游刃有余。

【原话】

倒水下缸要留圻①。

【英译】

Preserve the sediment at the bottom when transferring water into a tank.

【注释】

①圻：这里指桶底沉积的杂质。

【解释】

倒水时应避免将桶底的沉积物一同倒入。喻义在言行之中需谨慎，不该讲的话就不讲、不该做的事就不要做，给自己留有余地。

【原话】

吠狗不咬，咬狗不吠。

【英译】

Dogs that bark do not bite, but the silent ones might.

【解释】

吠叫的狗不咬人，一声不吭的狗才咬人，令人猝不及防。海南人常称性格阴郁、沉默寡言的人为"暗狗"。

【原话】

沸水不响，响水不沸。

【英译】

Water that is about to boil makes noise, but once boiling, it quiets down.

【解释】

当水接近沸腾时会发出响声，然而真正沸腾时却变得相对安静。这象征着真正具备才能和智慧的人往往谦逊低调，而那些喜欢自夸的人，往往缺乏真正的能力和知识。

【原话】

狗会认路，猫会认室，蜂会认花。

【英译】

Dogs recognize paths, cats recognize their homes, and bees distinguish flowers.

【解释】

描述了动物凭借天赋和本能进行导航和辨识的能力。

【原话】

六月蟹瘦空壳，十月蟹肥生膏。

【英译】

In June, crabs are lean and their shells hollow, but by October, they are richly plump and full of cream.

【解释】

六月的螃蟹又瘦又没膏，等到金秋十月，正是吃蟹的好时节，蟹肥膏满。

【原话】

破柴要顺势①，讲话要讲理。

【英译】

Just as splitting wood should follow its grain, speaking should be grounded in logic.

【注释】

①顺势：顺着木头纹理。

【解释】

劈木头要顺着纹理才好劈，说话要讲道理才讲得通。形容遵循事物的规律，事情才好办。

【原话】

牵牛牵牛鼻，捉鱼捉鱼鳃。

【英译】

It is essential to lead an ox by its nose, and to catch a fish by its gills.

【解释】

牵牛要牵住牛鼻子，捉鱼要抓住鱼鳃。比喻在解决任何问题时，寻找并抓住核心要点是关键。

【原话】

人看时顿①，海看潮水。

【英译】

People live on food while fishermen rely on ocean currents for their catch.

【注释】

①时顿：一日三餐。

【解释】

一日三餐是人类的生存之需，出海打鱼就要学会看潮水才有收获。说明掌握规律方能正确行动。

【原话】

拖车跟痕①。

【英译】

Follow the existing tracks when towing a vehicle.

【注释】

①痕：痕迹。指前车留下的痕迹。

【解释】

拉车时跟随前车留下的轮印前进。引申为遵循经验和已知的方法进行。

【原话】

蜈蚣怕鸡啄，老鼠怕猫抓。

【英译】

Every creature has its natural predator.

【解释】

蜈蚣畏惧鸡的啄食，老鼠害怕猫的捕捉。形容世间万物都存在着天敌的辩证关系。

【原话】

衣洗领，裤洗裆，帕子洗中央。

【英译】

It is essential for one to wash the collar of the shirt, the crotch of the trousers and the center of the handkerchief clean.

【解释】

穿过的衣服，衣领、裤裆和手帕中央是最脏的地方，要重点刷洗。形容要抓住主要矛盾，才能解决问题。

【原话】

月娘不用油点，天黑不需涂料。

【英译】

The moon shines without oil as the night darkens without paint.

【解释】

月亮、天黑都不是人为因素造成的。形容自然规律使然，无须人工改造。

【原话】

捉牛要捉角，牵牛要牵鼻。

【英译】

To capture an ox, seize its horns; to lead an ox, guide it by the nose.

【解释】

捉牛抓其角，牵牛牵其鼻。比喻做事须直击要害，解决问题须找准关键。

【原话】

行路看土下，捉鱼看潮水。

【英译】

Mind the path when you walk, and the tides when you fish.

【解释】

行走需观察地形，捕鱼须观察潮水。形容成功之道，在于掌握行事的技巧与规律。

七、趋向发展

这部分谚语和俗语不仅揭示了当地生活和自然界中的基本规律，也提供了对待变化和发展的智慧，鼓励人们以积极的态度面对生活中的变化和挑战。

【原话】

不料不料老鼠爬上柱。

【英译】

Unexpectedly, a rat climbs up the column.

【解释】

意外之下，老鼠竟爬上了柱子。形容不经意间发生了意想不到的事。

【原话】

毛露大也成雨。

【英译】

Heavy dew makes a rain.

【解释】

即使是露水，积累多了也能成为雨水。形容不能小瞧弱小或看似不起眼的力量，这些力量积累起来也能成为不可忽视的势力，量变引起质变。

【原话】

毛露水湿透衣裤，时顿①酒吃败家产。

【英译】

Small expenses lead to big losses.

【注释】

①时顿：一日三餐。

【解释】

露水也能打湿衣裳，一天三顿花天酒地也会败光家产。比喻如果不在意小浪费或错误，时间久了就会造成严重后果。

【原话】

没有溪仔，不成大河。

【英译】

No streams, no rivers.

【解释】

大江大河都是由一条条小溪小河汇聚而成。强调从小处开始，积少成多的重要性。

【原话】

跑得过初一，跑不过十五。

【英译】

One might evade consequences temporarily, but can't escape them forever.

【解释】

指能逃避责任一时，但终究不能一辈子逃避。此俗语警示人们要面对自己的责任，不要试图逃避，因为长久来看，这种逃避行为是不可持续的。

【原话】

人老话多，树老根多。

【英译】

The older the person, the more they speak; the older the tree, the deeper its roots.

【解释】

老人爱唠叨，老树根密集。

【原话】

人老人欲死，蛇老蛇换皮。

【英译】

Just as snakes shed their skins with age, humans inevitably face death as they grow old.

【解释】

形容生老病死是自然规律，要顺其自然。此俗语体现了海南人的生死观，坦然面对自然规律。

【原话】

人无百日好，花无百日红。

【英译】

Neither can man always be well nor flowers always bloom.

【解释】

人难得百日平安，无灾无病，花开也难得百日不枯萎，说明生老病死是符合自然规律的。亦指人生不可能总是一帆风顺，难免遭遇困难挫折。

【原话】

山猪越老越精，人越老越愚。

【英译】

With age, wild boars grow wiser, but humans tend to lose their sharpness.

【解释】

山猪是越老越精明，人是越老越痴呆。感叹人老不中用。

【原话】

树头不正树尾斜。

【英译】

A crooked trunk casts a skewed shadow.

【解释】

树头歪了，树枝和树梢也跟着歪。形容领导者或长辈的行为对下属或晚辈有不良的影响，导致他们模仿这种行为。同"上梁不正下梁歪"的意思。

【原话】

树叶按原归树头。

【英译】

Falling leaves settle on their roots.

【解释】

指树叶掉到地上，回归到其生长之根旁，寓意人终将回归故土。

【原话】

睡着打到倒。

【英译】

It is a piece of cake.

【解释】

即使躺着也能打倒。形容事情轻而易举，毫不费力，如同探囊取物、轻松至极。

【原话】

天欲下雨天色变，人欲相争①人翻面。

【英译】

When the sky is about to rain, the weather changes; when people are about to quarrel, they turn against each other.

【注释】

①相争：相互争吵。

【解释】

天将降雨，天色变黑；人将争论，面容转怒。形容一切变化皆有先兆。

【原话】

室不扫起灰尘，脸不洗生油腻。

【英译】

Dust collects if the house is not often cleaned. Likewise, a face turns greasy if not cleaned often.

【解释】

不定期打扫屋子，灰尘将堆积；脸若不勤洗，便会油腻。强调了生活中责任和纪律的重要性。无论是居家环境还是个人卫生，都是通过持续的、自律的行为来保持良好状态的。

【原话】

小洞不塞欲变大，有疮不治欲变烂。

【英译】

A stitch in time saves nine.

【解释】

不及时补救小洞将变大，有疮不治疗伤口将恶化。意指要及时解决问题，否则会恶化不好解决。

【原话】

小时偷针，大了偷鸡阉①。

【英译】

Small thefts in youth lead to bigger crimes in adulthood.

【注释】

①鸡阉：阉鸡。

【解释】

小时候的偷窃行为若不及时纠正，成年后可能演变为更严重的犯罪。强调防微杜渐的重要性，用以告诫孩子远离盗窃行为，防止走上错误的道路。

【原话】

一动尻脽就知你想放屁。

【英译】

The moment you move your butt, I know you'll fart.

【解释】

一挪动屁股就知道你想放屁。形容根据端倪就能知晓某人的下一步行动。

【原话】

一天云散了了。

【英译】

Clouds disperse as quickly as they gather, leaving clear skies.

【解释】

厚积许久的云层瞬间就散开了。形容情况虽一时严峻，但很快将一扫而空，恢复原状。

【原话】

鱼沿潮水，人沿社会。

【英译】

As fishes follow the currents, human follows the development of the society.

【解释】

鱼儿顺着潮水游走，人也要顺应社会的发展。形容人须随时代与社会潮流前进，适应变化。

【原话】

月光处都光。

【英译】

The moon shines everywhere.

【解释】

月光普照，无所不至，象征形势或环境极为乐观。

八、因果相依

这部分谚语和俗语不仅提供了对因果关系的深刻理解，也提醒人们在生活中作出选择时要谨慎考虑后果，以及如何通过理解和适应自然和社会规律来实现个人和社会的发展。

【原话】

帮厨得吃，劝架得伤。

【英译】

Helping in the kitchen rewards you with food; intervening in disputes risks injury.

【解释】

在厨房帮忙，能品尝到美食；但是参与劝架，容易招惹是非，伤及身体。比喻协助他人做善事，自能受益；卷入纷争则可能遭殃，意味着行善得福，插手是非自招祸。

【原话】

不到头斜①，不见事出。

【英译】

The mills of God grind slowly.

【注释】

①头斜：是指太阳（日头）向西斜。

【解释】

太阳落山后，事情就有结果。含有"不是不报，时候未到；天网恢恢，疏而不漏"的意思。

【原话】

吃多放①多，憩②多梦多。

【英译】

Every cause brings a consequence.

【注释】

①放：排放，排泄。

②憩：休息，睡觉。

【解释】

饮食过量则排泄增多，休息过度则梦境频繁。引申为一切行为都有其相应的结果。

【原话】

吃糕要配涎①。

【英译】

Every reward deserves efforts.

【注释】

①配涎：需要唾液。

【解释】

品尝美味需借助唾液才能下咽。比喻达成任何目标都需付出相应的努力。

【原话】

吃在面，穿在身。

【英译】

Food shapes the body，and clothes frame the appearance.

【解释】

个人的容貌跟饮食有关系，形象和穿着有关系。指看人的面容和衣着就知道他的生活水准。

【原话】

船多碍①港，客多碍行。

【英译】

Harbors get congested with many boats as traffic jams result from crowded people.

【注释】

①碍：妨碍、阻碍。

【解释】

船只众多使港口拥堵，人潮拥挤导致出行困难。说明在资源或空间有限时，过多的需求或使用会导致拥堵和效率下降。

【原话】

错一时，累一世。

【英译】

A moment's mistake can lead to a lifetime of regret.

【解释】

一时的错误会酿成终生的苦命。形容凡事要三思而后行，不要一失足成千古恨。

【原话】

大吃①妇姆无衣穿，大吃公爹②无室基。

【英译】

Poverty is the reward of idleness.

【注释】

①大吃：好吃懒做。

②公爹：成年男子。

【解释】

好吃懒做，女无衣、男无室，形容懒惰导致贫穷和生活困难。

【原话】

耕田人望①天下雨，做生意人望天晴。

【英译】

Farmers yearn for rain, traders for clear skies.

【注释】

①望：期盼。

【解释】

农人盼雨润田畴，商人愿晴利商途，形容世间难得两全其美。

【原话】

好竹出好笋，好种出好秧。

【英译】

Fine bamboo yields fine shoots; superior seeds grow into superior seedlings.

【解释】

优良竹种生优笋，上等种子长好秧。形容品种优良的作物比一般品种收成好，良好的基础能成就优秀的人才。

【原话】

花开花欲败，果熟果必落。

【英译】

Flowers bloom and wither, just as fruits fall down when they ripen.

【解释】

指花开花谢，果熟果落，这是大自然的规律。形容时机一旦成熟，事情自然成功。

【原话】

鸡肥脚也香。

【英译】

When the chicken is plump, even its feet are delicious.

【解释】

当鸡肉肥美时，连鸡爪都变得香美可口。比喻核心部分优秀时，连带的次要部分也会随之变得出色，就如同一个人取得了巨大的成就后，他的亲朋好友也能因此分享他的荣耀和好处。

【原话】

雷打椰子树，连累丰泡藤①。

【英译】

When lightning strikes a coconut tree, the entwined vine suffers too.

【丰泡藤】

①丰泡藤：一种藤本植物，爱攀爬在椰子树干上。

【解释】

指椰子树被雷劈了，丰泡藤同时受到牵连。形容不要乱攀附权贵，免得灾难来临的时候自己也逃不掉。同"城门失火，殃及池鱼"的意思。

【原话】

路窄难行，心窄伤神。

【英译】

A narrow path challenges the journey, just as a narrow mind troubles the spirit.

【解释】

狭窄的道路让行者难以前行，同样，狭隘的心态也使人难以豁达，常陷于抑郁与烦恼之中。提醒人们在面对实际挑战时，不仅要注意外部环境的障碍，更要注意内心的宽广和开放。

【原话】

乜种出乜秧，乜秧出乜稻。

【英译】

Like father, like son.

【解释】

种子的本质决定了秧苗的特性，秧苗的特性又决定了稻谷的品质，比喻子女的性格往往源自其父母。

【原话】

恼鸡恼连笼。

【英译】

When a rooster is cursed, its cage is cursed, too.

【解释】

讨厌鸡连带讨厌鸡笼。形容当对某人产生不满时，往往连与之相关的人或物也一并成为不满的对象。

【原话】

钱作胆，糒①作力。

【英译】

Money breeds courage and rice makes strength.

【注释】

①糒：干饭。

【解释】

身上有钱说话才有底气，吃干饭才有力气干活。形容拥有资金使人更加自信，而充足的食物则是劳作力量的来源。

【原话】

惹狗着狗咬，惹人遭人打。

【英译】

Let sleeping dogs lie.

【解释】

招惹大狗被狗咬，招惹别人被人打，形容不要招惹是非。

【原话】

人太急无智，水太急无鱼。

【英译】

Rushing leads to losing, both in wisdom and in gains.

【解释】

人过于急躁就会失去冷静，水流太急也留不住鱼，警示我们要保持冷静和适度的节奏。

【原话】

室里不烧火，室外不冒烟。

【英译】

No fire in the house, no smoke outside.

【解释】

若屋内未生火，则屋外不会有烟。形容一切事物皆有其因果律，事情的起点往往预示着其结果。

【原话】

无雨无稻割，无日无盐收。

【英译】

No rain, no harvest. No sunshine, no salt.

【解释】

水稻的成长需雨水滋润，盐的晒制需阳光照射，说明成就目标需环境条件配合。

【原话】

要人钱财替人消灾。

【英译】

Accepting someone's money obligates you to address their concerns.

【解释】

接受他人的钱财，便需为其承担相应的责任或解决其难题。

【原话】

一勤生百巧，一惰生百病。

【英译】

Diligence breeds skills, while laziness leads to troubles.

【解释】

指勤劳能练就多样技巧，懒惰则酿成无数弊病。

【原话】

有田不种仓库空，有书不读子孙愚。

【英译】

Without cultivation, a warehouse turns empty; likewise, without education, generations grow ignorant.

【解释】

有田不去耕种，仓库里无储备，当然空了；不送孩子去读书，子孙当然愚昧了。强调了努力和教育的重要性，提醒人们要善于利用资源并重视知识的传承，以确保未来的繁荣。

【原话】

欲想炉火旺，还得风来吹。

【英译】

To make the stove burn briskly, a gust of wind is needed.

【解释】

想要炉火燃烧得更旺，必须有风的助力。说明要想事情做得出色，必须有合适的外部条件支持。

【原话】

运衰使人聪明，运好使人骄傲。

【英译】

Adversity fosters wisdom, while prosperity breeds pride.

【解释】

逆境促人反思与成长，顺境则容易导致自满与骄傲。提醒人们要以平常心对待顺境和逆境，保持谦虚和警惕，善于从困难中学习和提升自己，同时在顺境时也不要放松警惕，避免自满和骄傲。

【原话】

种田无粪①惹肚困，饲子无奶惹母闷。

【英译】

As a farmer feels annoyed for lack of fertilizer, a mother feels gloomy for lack of breast milk.

【注释】

①粪：肥料。

【解释】

缺乏肥料的田地难以有收获，令农人饥肠辘辘；孩子没奶吃，母亲就很郁闷。比喻资源匮乏或条件不足所带来的不良影响，强调了资源的重要性和合理利用的必要性。

【原话】

种田误时一年荒，教子不好一世闷。

【英译】

A year's harvest is lost if farming misses the season, but failure in raising children brings a lifetime of regret.

【解释】

错过种植季节，田地就会荒废一年；而教育子女失当，则终生悔恨不已。强调了行动的及时性和决策的重要性，警示人们要善于把握时机，及早采取正确的行动，避免未来的遗憾和损失。

【原话】

捉鱼打鸟，家业败了。

【英译】

Engrossed in fishing and hunting for fun, one's family fortunes will go down.

【解释】

日常沉迷于抓鱼打鸟，忽略正当职业，终致家庭财富耗尽。海南岛上临海而居的人们可能是渔民，但绝大多数离海边远的人们基本都是农民。因此，这个俗语里讲的"捉鱼"是从农民而不是渔民的角度来说，即以娱乐为主的"捉鱼"，是不务正业、游手好闲的意思。形容只有勤勉努力，方能守住家业。

【原话】

做贼因偷葱，赌钱因扔空。

【英译】

Small thefts lead to grand larceny; compulsive gambling leads to total ruin.

【解释】

小偷小摸的行为最终可能演变成大规模的盗窃，而无节制的赌博可能导致彻底的破产。揭示了行为与后果之间的必然联系，警示人们应该警惕小事可能引发的大问题，并谨慎对待自己的行为和选择。

九、辨析事理

这部分谚语和俗语不仅揭示了生活中的普遍规律和道理，也反映了海南人民对于事理辨析的独到见解和深刻理解，提醒人们在日常生活中需要具备的洞察力和智慧。

【原话】

暗影①日毒，粗鲁人歹。

【英译】

Just as the UV rays are still strong on a cloudy day, a rude person can be inherently malicious.

【注释】

①暗影：阴天。

【解释】

阴天的时候，阳光虽然看起来微弱，但紫外线很强；外表粗犷的人被认为内心很坏。形容表面现象有时会误导人，需要看到事物或人的本质。

【原话】

不是猪拱，是生人①害。

【英译】

It's not the pigs that wreak havoc, but humans themselves.

【注释】

①生人：活人。

【解释】

并非动物所致的破坏，而是人类自身的作为导致了损害。

【原话】

不要听风就是雨。

【英译】

Don't believe everything you hear.

【解释】

勿因风声即信为雨，形容听闻事情，要谨慎分析，不要轻易下结论。

【原话】

草肥的地方也有瘦牛。

【英译】

There are lean cattle where the lush grass grows.

【解释】

即便草地肥美，亦有瘦弱之牛。形容即使环境优越，仍可能存在未能良好成长的个体。

【原话】

棰仔①摵②人重。

【英译】

A slender stick strikes with surprising force.

【注释】

①棰仔：细小的枝条或竹条等物。

②摵：用有弹性的东西抽打。

【解释】

细小枝条抽打时痛感异常，警示我们不应轻视外表看似微不足道之物，其在特定情形下可能表现出强大的力量。

【原话】

饿时送一嘴，好过饱时送一顿。

【英译】

Better to have a bite in hunger than a hearty meal when one is full.

【解释】

饥饿时一口饭更胜于饱腹时的丰盛大餐。形容在急需时提供的微小帮助，远比在充足时给予的帮助更有价值，意指及时的援助远胜过奢华馈赠。

【原话】

好马也有失蹄时，好人也会做错事。

【英译】

Even the finest horse may stumble, and the wisest person can err.

【解释】

即使是千里马，亦有失蹄之时；即便是贤人，也难免犯错。说明人生难免经历挫折和失败，提醒我们要时刻保持谨慎，准备应对不可预见的困难。

【原话】

见人吃不见人做。

【英译】

We see the success but not the toil behind it.

【解释】

只看到别人吃香喝辣的一面，没看到别人辛苦干活的另一面。形容只看到别人光鲜亮丽表面，没看到别人努力工作的样子。

【原话】

见人吃螺不见人扒壳。

【英译】

We see the feast but not the effort of shelling.

【解释】

只看到别人吃美味的螺肉，没看到别人剥螺肉的辛苦。人们往往只看到他人享受成果的时刻，却未曾见证他们在背后付出的辛勤劳动和努力。这句话提醒我们，每一份享受的背后，都有不为人知的艰辛和汗水。

【原话】

龙海树大果子小，冬瓜藤细果子大。

【英译】

Tall though a longan tree is, its fruits are rather small, while slim as a wax gourd's stem is, its fruits are big.

【解释】

龙眼树虽高大，果实却小；冬瓜藤虽细弱，果实却大。说明自然界中，不同的物种有其独特的特点和结果，教导我们不能仅凭外观来评价事物的价值或成果。

【原话】

泥人经不起雨打，假话经不起盘查。

【英译】

A clay figure can't stand in the rain and a lie can't stand investigation.

【解释】

泥人像经不起雨水的冲刷，谎言也经不起详细调查。形容谎言如同用泥塑成的人像，在真相的考验面前无法维持其形态，易于被识破。

【原话】

鸟飞会掉毛，人行留脚迹。

【英译】

As birds shed feathers in flight, humans leave footprints where they tread.

【解释】

鸟在飞翔时会遗落羽毛，人在行走时则会留下足迹。说明无论行为多么隐蔽，终究会有迹可循。

【原话】

牛大不能压虱死，人大不能压道理。

【英译】

No matter how mighty an ox is, it cannot crush a flea, just as no individual, regardless of their status, can suppress the truth.

【解释】

即便牛体型庞大，也无法将虱子压死，人在社会中的地位高大亦不能凌驾于道理之上。说明在任何情况下，应以道理说服他人，而非利用地位或权力压迫他人。

【原话】

人怕蛇，蛇也怕人。

【英译】

Humans are afraid of snakes, so are snakes.

【解释】

人怕蛇咬，其实蛇也怕人打死它。说明在面对任何事物时，应既要认识到其中的挑战，也不应忽视其中蕴含的机遇。

【原话】

蛇无脚行千里，蜈蚣多脚爬洞边。

【英译】

Without feet, snakes travel thousands of miles, whereas centipedes, despite their many feet, only meander around cave entrances.

【解释】

蛇虽没有脚却能快速行走千里之外，蜈蚣虽有很多脚却在洞穴周边行动。说明多多益善并非处处适用，关键在于如何利用所拥有的条件。

【原话】

十个手指不平长。

【英译】

Not all fingers are of the same length.

【解释】

十指长短各不同，正如人各有所长所短，提醒我们应接纳个体差异，不应期待完美无缺。

【原话】

手指有长有短，人心有弯有曲。

【英译】

Just as fingers vary in length, human minds differ in their thoughts.

【解释】

如同手指长短不同，人心思想亦复杂多变，难以彻底了解他人内心想法。

【原话】

站在山上看山矮，山下看山山高高。

【英译】

From the mountain's summit, hills seem trivial; from its base, every peak looms large.

【解释】

从山巅之上俯瞰，山峦皆显微小；站在山脚之下仰视，则似巨人般巍峨。喻指人的视野与所处位置紧密相关，从而影响对事物的认知与评价。

十、统一对立

这部分谚语和俗语体现了对事物对立统一规律的认识，反映了事物之间既对立又统一的辩证关系，强调矛盾是事物发展的动力。

【原话】

半作水半作火。

【英译】

Some douse the flames, while others fuel them.

【解释】

指一部分人煽风点火，一部分人浇水灭火。形容一些人试图平息冲突（即浇水），而另一些人却加剧矛盾（即煽火），反映了人们在处理问题时的不同态度和行动。

【原话】

吃不相同饱相同，一样五谷养百样人。

【英译】

While all foods lead to the same satiety, the same grains nurture a diversity of characters.

【解释】

不同的食物皆能满足人的饱腹感，但同样的五谷却养育出各式各样的个性。这是因为每个人的生活背景、遗传因素以及教育环境的不同，塑造了人们在性格、喜好和修养上的多样性。

【原话】

笛子好听气欲断。

【英译】

The enchanting sound of a flute demands the player's utmost breath.

【解释】

笛音虽美，却需吹奏者耗尽所有气力。由此可见，一切美好之物皆需付出巨大努力方能得来。

【原话】

冬瓜皮好肚内烂，香蕉无糖肚里甜。

【英译】

Appearances can be deceiving.

【解释】

冬瓜表面看着好好的，打开里面却是坏的；香蕉看似无糖尝起来却很甜。形容不能凭表面下结论，不能以貌取人。

【原话】

翻①猪捉篓②。

【英译】

The shoe is on the other foot.

【注释】

①翻：倒过来。

②篓：指猪笼，用竹篾编成的圆筒形捕猪器具。

【解释】

本来被捕的猪反而控制了捕捉器，比喻局势逆转，形势颠倒，昔日弱者转为主导。

【原话】

饭架上的碗有时也会相碰。

【英译】

Even bowls on a shelf may collide.

【解释】

架上的碗盘不免会相撞。形容人们住在一起难免会有摩擦、矛盾和冲突。

【原话】

父作医生子生疮，母作媒人子无老婆。

【英译】

He gets sick even though his father is a doctor; he struggles to find a wife even though his mother is a matchmaker.

【解释】

即便父亲为医生，孩子仍旧生病；母亲虽是媒人，儿子却难觅佳偶。象征专注于外事而忽略家中，反映了牺牲个人利益服务他人的精神。同时强调成功需要个人努力，单靠家世无益。

【原话】

好狗都有失眠时。

【英译】

Even the best can have their off moments.

【解释】

即便最优秀的人也有不如意的时刻，说明每个人都可能遇到困难或犯错。

【原话】

好叫难应。

【英译】

It is easy to ask for help but hard to get help.

【解释】

开口求人容易，但是想得到帮忙较难。说明在请求帮助时，应考虑到他人的意愿和能力，不要期待立即轻易得到帮助。

【原话】

鸡阉肥在尾①。

【英译】

The fattest part of a capon lies in its rear.

【注释】

①尾：屁股。

【解释】

阉鸡的屁股最为丰满，比喻后发者可能领先或优势更明显。

【原话】

救得蛇生蛤①又死。

【英译】

Saving the snake spells doom for the frog.

【注释】

①蛤：青蛙。

【解释】

把蛇救活意味着青蛙就要死去，因为蛇是青蛙的捕食者。形容救助一方往往以牺牲另一方为代价，说明在某些情况下难以实现双赢。

【原话】

老鹰飞得再高，影子也在土下。

【英译】

Regardless of how high an eagle soars, its shadow remains tethered to the earth.

【解释】

即便老鹰飞得再高，其影子亦落在地面。比喻无论一个人达到何等高度，他的根源和过去总是可追溯的。

【原话】

麻油吃多不知香，蜂糖吃多不知甜。

【英译】

Overindulgence diminishes appreciation.

【解释】

过量食用麻油失其香，多吃蜂蜜不觉甜。比喻一切皆需适度，过度则会适得其反，美好之事也可能变味。

【原话】

钱归富主，崽归穷人。

【英译】

You can't have your cake and eat it too.

【解释】

富人有钱但子嗣少，穷人虽穷但孩子好养成，这表明人生很难同时拥有一切。

【原话】

山里木也有相夹①时。

【英译】

Even trees in the mountains can intertwine with each other.

【注释】

①夹：挤压。

【解释】

山里的树木也有互相挤夹的时候。形容人际关系中不可避免的矛盾与冲突，强调了正确处理与解决矛盾的重要性。

【原话】

疼①是疼这把嘴，恼是恼这把唇。

【英译】

It is a mix of love and hatred.

【注释】

①疼：疼爱。

【解释】

爱也是爱这嘴巴会说话，讨厌也是讨厌这嘴巴乱说话。形容情感的复杂性，爱与恨之间微妙的平衡。

【原话】

藤条虽小能缚蟒蛇，蚁仔虽小能蚀大柴。

【英译】

Slim though a vine is, it can bind a python. Likewise, tiny though an ant, it can eat into a big tree.

【解释】

藤条虽细小也能捆绑巨蟒，蚂蚁虽微小也能侵蚀粗大的木材。表明即便是在力量上显得微不足道的个体，也有能力完成伟大的事情，展现了力量与体积之间并非直接相关的道理。

【原话】

天上星多月不明，地上人多心不平。

【英译】

In a sky crowded with stars, the moon seems dim; among many people, harmony is elusive.

【解释】

人多想法多，不易齐心，就好比繁星满天时，月光就暗淡了。比喻人多嘴杂心不齐，难于办成事。

【原话】

有利必有害，有果必有因。

【英译】

Where there is benefit, there is also detriment; every effect has its cause.

【解释】

利益背后隐含风险，后果必有其原因。说明事物具有双重性，我们应当全面、辩证地理解和分析事物。

【原话】

坐土都伤草。

【英译】

Even a simple act like sitting on the ground can harm the grass beneath.

【解释】

即使是轻微的行为，如坐在地上，也可能对周围环境造成影响。这象征着人际间的矛盾难以避免，强调了处理这些矛盾的重要性。

十一、差别差距

这部分谚语和俗语不仅提供了对事物差异和差距的深刻洞察，而且也教导人们在面对生活和社会的复杂性时，应具备的认知能力和适应能力。

【原话】

半咸淡。

【英译】

Near the estuary, the river water blends with seawater, creating a mix where half is salty and half is fresh.

【解释】

河水流进入海口处水质的咸淡交融，形容事物不正宗、不地道或不符合期望。

【原话】

不交关①。

【英译】

A significant gap remains.

【注释】

①交关：相关，借指差距。

【解释】

不交关即差得很远。表示存在显著的差距或距离很远。

【原话】

钝到乜①都是斧，利到乜都是刀。

【英译】

An axe is an axe whatever blunt it is, a knife is a knife whatever sharp it is.

【注释】

①乜：指程度。

【解释】

无论斧头多么钝，它仍然是斧头；无论刀多么锋利，它仍然是刀。每个事物都有其独特的用途和价值。

【原话】

公打雀麻①。

【英译】

Thunder strikes sparrows.

【注释】

①雀麻：麻雀。

【解释】

雷公劈打麻雀。比喻使用过度的或不相称的力量去处理小问题或对付弱小的对手。

【原话】

花与花不同芳，人与人不同貌。

【英译】

Just as every flower has its distinct fragrance, every person possesses unique traits.

【解释】

花分百种，色香各不同；人的相貌各异，脾气秉性也各有千秋。形容即使是同一物种还是有差异，不能混为一谈，要学会根据实际做出判断和决定。

【原话】

苦过海棠仁①煲茶。

【英译】

It's bitterer than tea brewed from plum tree kernels.

【注释】

①海棠仁：海棠树的果仁，相当苦。

【解释】

形容比海棠树果仁泡的茶还苦。强调了其苦涩程度，超乎寻常。

【原话】

来龙不比地虎。

【英译】

An outsider, however strong like a dragon, finds it challenging to repress a local tiger.

【解释】

本意指强龙镇不住本地老虎，即"强龙不压地虎"。比喻外来的强者，无论其力量多么强大，也难以完全压制本地根深蒂固的势力。强调外力与本土势力间的对抗性和地域性影响。

【原话】

老鼠尾，生疮不大。

【英译】

A sore on a rat's tail is never significant.

【解释】

老鼠尾巴细小，即使长疮问题也不大。暗喻小人物的问题或失误，在大局中不会造成太大影响，意指他们的行为不足为虑。

【原话】

力人做工少讲话，懒人做工尿屎多。

【英译】

The hard-working people work diligently while the lazy people neglect their work.

【解释】

勤劳者工作时专注且有效率，很少闲聊，而懒人干活时磨洋工、出工不出力。

【原话】

鹩哥踏牛牛不叫，牛踏鹩哥呱呱叫。

【英译】

The ox utters no word as the crow stands on it，but the crow croaks out loud when the ox treads it under foot.

【解释】

鹩哥鸟个子小，踩在牛身上，牛一点事都没有；但是身躯庞大的牛一旦踩到鹩哥鸟，它就受不了了，痛得呱呱叫。形容资历、分量不对等，不能相提并论。

【原话】

勤人志大，懒人志短。

【英译】

Diligent people have high aspirations while lazy people muddle along without any aim.

【解释】

形容勤奋的人志向高，不轻言放弃，而懒惰的人不思进取，得过且过。

【原话】

穷人吃汤也赞，富人吃肉也嫌。

【英译】

The impoverished find joy in a mere bowl of soup, yet the affluent disdain even the finest meats.

【解释】

穷人有口汤喝都很满足，但是富贵人家吃腻了山珍海味还嫌弃肉不好吃。

【原话】

人种瓜得瓜，俺种瓜得花。

【英译】

Others reap what they sow, but I reap nothing what I sow.

【解释】

别人种瓜得瓜，自己种瓜只开花，没有收获。形容即便付出相同的努力，他人能够收获成功，自己却徒劳无获，表达对自己徒劳无功的无奈和对他人成就的羡慕。

【原话】

小仔脚轻轻，大人脚生根。

【英译】

Little kids run like a flying bird while adults walk as if their feet are rooted to the ground.

【解释】

指小孩步伐轻盈，充满活力，而年长者走路似根植大地，缓慢而稳重，用于形容年龄差异带来的活力与步伐的不同。此俗语揭示人因年龄不同而导致身体情况不一样，由此鼓励年轻人趁早勤奋，不要等到年老体衰后失掉奋斗的好机会。

【原话】

有心千里都讲近，无心隔墙也懒问。

【英译】

When the heart is willing, a thousand miles seem near; without willingness, even a wall's distance is too far.

【解释】

如果内心有强烈的意愿，即使相隔千里也会觉得很近；反之，如果内心没有意愿，即使只隔着一堵墙也会懒得去问候或接触。说明人的意愿和心态决定了行动的可能性和距离的远近。

【原话】

有运看人摆起①，无运看人拾起②。

【英译】

The privileged people are looked up to while the ordinary people are looked down upon.

【注释】

①摆起：排场，借指尊重。

②拾起：放到一边，借指遗忘。

【解释】

人们往往只尊重那些成功或有地位的人，而忽视或轻视那些普通或处于低谷的人。

【原话】

有志者自有千计万计，无志者只感千难万难。

【英译】

Those with ambition find endless solutions; those without see only insurmountable obstacles.

【解释】

指有志气的人总是乐观地面对现实，在困难面前积极想办法去解决。没有志气的人，总是悲观地面对现实，感觉做什么事都无从下手，没有思路，举步维艰。

【原话】

愈做愈力，愈坐愈乏。

【英译】

Action breeds strength; inaction fosters fatigue.

【解释】

积极行动会让人变得更加有力量和充满活力，而懒惰和不作为则会让人变得疲惫和虚弱。这句话强调了行动和努力的重要性，鼓励人们通过劳动和锻炼来增强体质和精神力量，避免因为懒惰而导致身心的衰退。

【原话】

在坡上是草，在盆里是花。

【英译】

A plant can be a grass when it is on a hillside or a flower when in a pot.

【解释】

同样的植株，在草坡上被视为草，而在花盆里就被视为花卉。形容同样的东西在不同的场合或环境，价值不一样。

【原话】

只准鹩哥①骑牛，不准牛骑鹩哥。

【英译】

A myna may perch on a cow, but a cow cannot step on a myna.

【注释】

①鹩哥：八哥鸟。

【解释】

身小轻盈的鸟儿可栖息于牛背，而庞大的牛则不可踩在小鸟身上。此句俗语揭示了人际关系中的不对等性和相对性，强调了在互动中应考虑彼此的力量和地位差异，避免强者对弱者施加过度的压力或伤害。

十二、经验教训

这部分谚语和俗语通过具体实例和形象比喻，提醒人们在生活和工作中汲取经验、吸取教训，强调了经验对于判断和决策的重要作用，以及对于个人成长和社会发展的深远影响。

【原话】

扁担两头脱。

【英译】

Both ends of the carrying pole have come loose.

【解释】

扁担两头都有卡槽，避免绳子滑落。如果扁担两头脱，说明两头落空。

【原话】

不经沸水烫不怕痛。

【英译】

One who has not experienced scalding does not fear the pain.

【解释】

没有经历过痛苦和磨难的人，对痛苦和磨难的恐惧和敬畏就不深。这句话强调了亲身经历的重要性，只有经历过困难和痛苦，才能真正理解其带来的影响和感受，从而更有准备和韧性去面对未来的挑战。

【原话】

不怕你不精，只怕你不经。

【英译】

It's not the lack of intelligence that's concerning, but the lack of experience.

【解释】

相对于聪明才智，经验的不足更让人担忧。智慧和机智固然重要，但实际的经验和阅历在处理问题和应对挑战时更为关键。这句话强调了经验的重要性，表明在很多情况下，丰富的经验比单纯的聪明才智更有价值。

【原话】

不听老人话，吃亏在眼前。

【英译】

Ignoring the advice of the elders leads to immediate loss.

【解释】

不听有经验的长辈劝告，很快就会吃到苦头。

【原话】

打蛇不死恨三年。

【英译】

Problems unsolved will have a recipe for disaster.

【解释】

打蛇的时候，不将其打死，日后蛇会前来报仇。比喻除害不彻底，后患无穷。

【原话】

打蛇沿棍上。

【英译】

Look out for the snake because it will come along with the striking stick.

【解释】

打蛇时要提防蛇沿棍子上来伤到人。说明做什么事都要提防意外事故的发生。

【原话】

好料不生虫，生虫不好料。

【英译】

Superior timber is not prone to insect infestation.

【解释】

优质木料不易受虫害侵袭，这反映了民间在选择木材时积累的经验和智慧。

【原话】

合室漏，合船走。

【英译】

Shared houses tend to leak, and shared boats are prone to drift away.

【解释】

合住的房屋容易漏雨，合用的船只容易被水冲走。比喻共用的东西因无专人爱护而容易受损。即人人都企盼他人出面承担责任，但往往就会无人愿意承担责任导致事故发生。

【原话】

经①一下，精一下。

【英译】

Experience makes wisdom.

【注释】

①经：经历。

【解释】

每一次经历都是一次学习和成长的机会，这强调了实践在学习和积累智慧过程中的重要性。通过亲身体验，人们可以获得更深刻的理解和更丰富的经验，从而变得更加精明和有见识。

【原话】

老人吃盐多过你吃米，过桥长过你行路。

【英译】

Elder people have eaten more salt than you've eaten rice, and crossed more bridges than you've walked roads.

【解释】

年长者经历丰富，见多识广，他们的阅历和智慧远超过年轻人。年轻人应尊重和重视长者的经验和建议，从中学习和受益。这句话强调了经验的重要性，提醒年轻人要虚心向有阅历的人请教和学习。

【原话】

你精不比我经。

【英译】

Wisdom from experience trumps mere cleverness.

【解释】

经验的重要性超过了单纯的聪明或机智。它强调了在处理问题和应对复杂情况时，实际经验所带来的洞察力和判断力往往比单纯的聪明才智更为可靠和有价值。这句话提醒人们，积累经验和学习从实际中获得的智慧是不可替代的。

【原话】

三句不离古①，离古就困肚。

【英译】

It is a general rule for everyone to follow the custom, or he will suffer sooner or later.

【注释】

①古：经验。

【解释】

遵循和借鉴前人的经验和智慧是十分重要的。如果脱离这些经验，很容易遭遇困境或失败。这句话强调了传统智慧和经验的重要性，提醒人们在面对问题时，要善于学习和应用前人的知识和教训，以避免走弯路或犯错误。

【原话】

浊水河不知深浅。

【英译】

It is hard to know the depth of a muddy river.

【解释】

河水浑浊，难以探清其深浅。形容事态复杂，难以做出果断的决定。

十三、得失之间

这部分谚语和俗语通过丰富的比喻和生动的实例，探讨了成功与失败、幸运与不幸、机遇与挑战之间的微妙关系。生活中的得与失是相伴相生的，重要的是如何在变化无常的环境中把握机遇，调整心态，以及从经验中学习与成长。

【原话】

稻熟雨下，饭熟火着。

【英译】

Rice is ripe but in a raining season; the rice is ready but the fire is still blazing.

【解释】

稻子成熟了却遇上雨季，饭煮熟了却火还在旺烧，容易烧焦。形容事物虽好，但时机不对，或者事情做得过头了。

【原话】

得来容易，失去也易。

【英译】

Easy come, easy go.

【解释】

那些轻易得到的东西，往往也容易失去。它提醒人们要珍惜和重视通过努力和付出获得的成果，因为这些成果更为稳固和持久。同时，这句话也强调了努力和付出的重要性，警示人们不要轻视那些得来不易的东西。

【原话】

得志一条龙，失志一条虫。

【英译】

When ambitious, a man is as grand as a dragon; when disheartened, as insignificant as a worm.

【解释】

指人有了志向，就像一条大展宏图的巨龙；如果没有志向，就是一条可怜的虫子。也指小人得志时龙腾虎跃，而一旦失意就灰心丧气、萎靡不振。

【原话】

好命见人吃，歹命见人收席。

【英译】

Opportunity favors the lucky, while misfortune follows the ill-fated.

【解释】

命好的人巧遇别人吃饭，有机会蹭饭；命不好的人巧遇别人撤席，没机会蹭吃。形容机遇可遇不可求。

【原话】

牛毛从牛身出。

【英译】

Rewards stem from one's own efforts.

【解释】

牛毛长在牛身上。表面上似乎是他人给予好处，实则好处源自自身所付出的努力和代价。暗示一切收获都是自己努力的结果。

【原话】

人怕出名猪怕肥。

【英译】

Fame brings trouble as fatness brings slaughter to pigs.

【解释】

指人怕出了名招致麻烦，就像猪长肥了就要被宰杀一样，常用以劝诫人们在成名或取得成功时需谨慎，避免不必要的麻烦。

【原话】

咸鱼翻身。

【英译】

A salted fish turns over.

【解释】

指从绝境中逆转命运，象征着重获新生，再次崭露头角的过程。

【原话】

心乐怨夜短，心闷怨夜长。

【英译】

Joyful moments seem fleeting, while sorrow stretches the night endlessly.

【解释】

在愉快和快乐的时刻，时间好像过得很快，转眼即逝；但在痛苦和忧愁的时刻，时间却似乎变得很慢，仿佛永远也无法结束。这句话强调了情绪对人们感知时间流逝的影响，提醒人们在快乐时要好好珍惜，而在悲伤时要坚持，因为时间会治愈一切。

【原话】

心里有事心里怕，心里没事心里定。

【英译】

When burdened with concerns, unease takes hold; free from worries, peace prevails within.

【解释】

当内心承载着事务或烦恼时，便会感到不安和恐慌；而当内心清净无事，就无所畏惧，心态平和。

【原话】

以鸡换狗不吃亏，鸡又得啼狗得吠。

【英译】

Trading a rooster with a dog brings mutual benefits; the rooster crows at dawn while the dog guards the home.

【解释】

通过交换资源或服务，双方都能得到所需，实现互惠互利。在这个例子中，公鸡和狗各自有不同的功能和作用,通过交换它们,各自得到了满足需求的好处。这句话强调了资源互补和合作的重要性,提倡通过互惠互利的方式来达成双赢的局面。

第六章

婚姻家庭

一、谈婚论嫁

这部分谚语和俗语不仅反映了当地人对婚姻家庭的传统观念，也展示了人们在现实生活中对幸福婚姻的追求和思考，例如，实用主义、门当户对、注重品质、对美满婚姻的祈盼等等。通过这些简洁而富有哲理的语言，我们可以窥见海南人在婚姻家庭方面的智慧和生活态度。海南谚语和俗语在谈及婚姻时，不乏幽默和讽刺的元素，通过夸张或比喻的方式，表达了对某些婚姻现象的看法和态度。

【原话】
矮脚猫爬不上高脚灶。
【英译】
A cat with short legs cannot reach the top of a high stove.
【解释】
比喻男女恋爱时要讲究门当户对，要有自知之明，不要高攀。亦指人应当务实，不做不切实的付出，否则就是白费功夫。

【原话】
不以人才生相对，欲以语言对语言。
【英译】
Couples are matched not by appearance, but by the harmony of their conversations.

【解释】

说明在黎族文化中，择偶标准不以外貌为准，而是通过对歌来寻找思想和情感上的共鸣。

【原话】

吃鱼要吃嘎叻锥①，娶老婆要娶大尻脽②。

【英译】

Prefer eels for their texture and women with fuller figures for spouses.

【注释】

①嘎叻锥：学名叫刺鳅，是海南一种肉质鲜美的淡水鱼。

②尻脽：臀部。

【解释】

刺鳅因其鲜美的肉质而被视为鱼类佳品；而体型丰满的女性被视为吃苦耐劳并且生育能力强的象征，因此成为选择伴侣的一种传统标准。

【原话】

丑丑新妇家里宝，靓靓新妇替人讨。

【英译】

A plain daughter-in-law is a family's gem, whereas a beautiful one may attract outside attention.

【解释】

相貌平平的媳妇是家中宝，而美貌的媳妇可能引来外界的关注和诱惑。强调外貌并不是衡量媳妇价值的唯一标准。相貌平平的媳妇通常被认为是踏实可靠的，不容易受到外界诱惑，能专心持家，照顾家庭，因而被认为是家庭的宝贝。而美貌的媳妇则可能因为外貌出众而吸引外界的关注和诱惑，潜在地带来一些不稳定因素。强调了对内在美德和家庭责任感的重视，提醒人们不要只看外貌而忽视了品行和忠诚等内在品质的重要性。

【原话】

丑人有丑人爱，破缸有破缸盖①。

【英译】

Every Jack has his Jill.

【注释】

①缸畚：缸盖。

【解释】

就像破缸都有破缸盖，即使是相貌平平也有人爱。比喻物各有主，人人都可以找到配偶，无须过分忧虑自己的条件。

【原话】

丑新妇不免见家翁。

【英译】

No matter how plain a bride is, she must meet her in-laws eventually.

【解释】

就算是相貌平平的媳妇，最后还是要见公婆的，躲藏也没用。暗示不管事情多么不愿被人知晓，迟早都会被揭露。

【原话】

大姊①带舅②，愈做愈有。

【英译】

Marrying a wife several years older is believed to bring fortune and prosperity to her husband.

【注释】

①大姊：这里指年纪比丈夫稍大的女子。

②舅：这里指年纪比妻子稍小的丈夫。

【解释】

指妻子比丈夫年纪稍大些，家庭将越来越兴旺。同"女大三抱金砖"的意思一样。

【原话】

好酒要好饼①，好老婆要好命。

【英译】

Just as fine yeast is essential for fine wine, good fortune is key to finding a good spouse.

【注释】

①饼：发酵用的酒曲，即酵母。

【解释】

精酿之酒需优质酵母，美满姻缘需良缘吉星，暗示成功的关键在于良好的起点与条件。

【原话】

嫁百姓①烧木条，嫁书生②烧树丫。

【英译】

A farmer's wife can cook with firewood while a scholar's wife can only cook with branches.

【注释】

①百姓：农民。

②书生：读书人。

【解释】

农民上山砍柴，农妇有木柴烧饭；书生没力气砍柴，嫁给他只能自己去捡树枝来煮饭。这是旧时读书无用的说法。

【原话】

老牛吃嫩草。

【英译】

May-December romance.

【解释】

描述年纪较大者与年轻人恋爱或结婚的现象，通常带有贬义。

【原话】

求得兄心如侬意，吃水做饭①心都甜。

【英译】

Wish my husband be my soul mate and I will be happy even with doing something hard.

【注释】

①吃水做饭：喝水做饭。

【解释】

只要丈夫和自己心意相通，生活中的任何艰苦和简朴都不会影响幸福感。只要夫妻同心，哪怕日子再艰难，也会感到甜蜜和满足。这里强调的是夫妻之间的情感和理解胜过物质条件。

【原话】

娶新妇要娶母娘，嫁老公要嫁村乡。

【英译】

Choose a wife by observing her mother, and a husband by his hometown's qualities.

【解释】

选媳妇先观其母，母若贤惠女儿不差；选夫家需观察其家乡，环境佳则未来可期。反映了民间智慧的择偶观。

【原话】

三脚石蜍难找，两脚妇姆怕无。

【英译】

A three-legged toad is rare, but two-legged women are everywhere.

【解释】

三足蟾蜍难寻得，双足佳人处处有。用以安慰失恋之人，劝勉其开阔视野，世上佳人如云，无须因一时之失而自限未来。

【原话】

生早仔强过发早财。

【英译】

Early parenthood surpasses early wealth.

【解释】

中国传统观念中，早结婚生子被视为比积累财富更为重要。在许多农村地区，早婚早育是传统的生活方式，被认为能够为家庭提供长久的幸福和繁衍后代。

【原话】

天生姻缘天注定。

【英译】

All shall be well; Jack shall have Jill.

【解释】

海南民间传统认为，男女之间的婚姻关系是天定的，强调顺其自然，重视缘分。

【原话】

一家有女百家求。

【英译】

A maiden in the family attracts suitors from afar.

【解释】

待字闺中的女孩很受欢迎，吸引众多求婚者前来提亲，形容其受欢迎程度。

【原话】

一看人，二看室，三看父母幼不幼①。

【英译】

In choosing a spouse, priority lies in assessing character, followed by financial standing, and finally, the youthfulness of his parents.

【注释】

①幼：指年轻。

【解释】

找夫家的时候，首先要看对方人品，接着要看财产状况，最后要看父母是否年轻。因为父母年轻可以帮忙带孩子、做家务事等等，这是女性择偶之智慧。

【原话】

有志上得卧龙岭①，铁脚板不怕棘刺。

【英译】

With strong will, one can climb over Mountain Wolong on foot without fear of thorns along the way.

【注释】

①卧龙岭：乐东黎族自治县佛罗镇新坡村东北五公里处的一座山。

【解释】

这源自两句情歌，有位青年去找恋人，恋人要考验他，问他敢不敢上卧龙岭，青年答他脚板坚硬不怕荆棘。常用来形容坚定的决心。

【原话】

找伴要恰①脚，对歌要恰调。

【英译】

In choosing aspouse, seek alignment in interests; in singing duets, ensure harmony in tune.

【注释】

①恰：恰当，指合适。

【解释】

指找伴侣要找兴趣相投的，对歌也要合拍。

二、夫妻之间

这部分谚语和俗语不仅揭示了海南地区对夫妻关系的传统观念，还反映了人们对和谐家庭生活的追求和期待，例如，恩爱与忠诚的强调、防范外遇的警示、面对困难的共同承担以及妻管严的风趣描述等等。通过这些谚语，我们可以感受到海南人对夫妻关系的珍视和对家庭幸福的深切希望。

【原话】

不怕神，不怕鬼，就怕老婆不开门。

【英译】

Neither deities nor specters daunt him, only the wrath of his wife.

【解释】

无惧神灵鬼怪，就怕妻子生气不开门。形容男人惧内，妻管严。

【原话】

床头打架，床尾相好。

【英译】

Quarrels of lovers but renew their love.

【解释】

即夫妻吵架时间不长，没有隔夜仇。

【原话】

夫妻不同心，没钱买灯芯。

【英译】

Without unity, couples can't even afford the wick for a lamp.

【解释】

在古代，使用油灯作为照明工具，其中灯芯是必不可少的部分。若无灯芯，油灯将无法点亮。这句话比喻了夫妻若不同心，连基本的生活需求也难以满足，强调了夫妻同心同德的重要性。

【原话】

公不离婆，秤不离砣。

【英译】

A husband and wife are inseparable, just like a scale and its weights.

【解释】

指夫妻二人相互依赖、形影不离，如同秤杆必须搭配秤砣才能发挥作用一样，强调了夫妻间不可分割的紧密关系。

【原话】

喉渴要吃深江①水，不用吃人杯里茶。

【英译】

Quench your thirst with river water, not with the tea served by other women.

【注释】

①深江：江河深水区。

【解释】

口渴要饮江河深水区之水，因为靠近岸边的水容易受污染。不要喝别人喝剩下的茶，因为容易传染病菌。喻义忠诚，劝勉丈夫外出时守节，不要被他人诱惑，强调家庭忠贞的重要性。

【原话】

鸡阉不啼鸡姆啼。

【英译】

It's not the rooster but the hen that crows.

【解释】

公鸡不打鸣，反而母鸡打鸣。形容女性担当了男性的责任，担当主导角色，颠覆了传统的男主外、女主内观念。

【原话】

闹官穷，闹鬼死，闹老婆吃生米。

【英译】

Quarrel with officials leads to poverty, with ghosts to death, and with your wife to financial loss.

【解释】

对抗官员导致贫穷，对抗鬼魂招致死亡，与妻子争执没饭吃。强调夫妻间的和睦是家庭幸福和繁荣的基石。

【原话】

携伴①过歹年②。

【英译】

Get through tough times with a partner.

【注释】

①伴：伙伴或伴侣。

②歹年：收成不好的年头。

【解释】

夫妻互相扶持，共同度过困难时期。强调了夫妻在面对困境时要互相扶持、共同努力的精神。无论生活中遇到多大的困难，只要夫妻同心协力，就能一起渡过难关。这个表达突出了伴侣之间相互支持和依靠的重要性。

【原话】

一夜夫妻百夜恩，百夜夫妻相惦念。

【英译】

A night as a couple heralds a lifetime of affection.

【解释】

有缘结为夫妻就应该相濡以沫，互相扶持。劝诫世人，夫妻应彼此珍惜、支持，追求共同的幸福与长久的陪伴。

【原话】

游鱼喜欢新雨水，义鸟依恋旧山林。

【英译】

Fish thrive in fresh waters, while loyal birds cherish old forests.

【解释】

鱼儿随新水而动，忠鸟恋旧林而居。劝世人珍视旧爱，不忘初心。

三、生儿育女

这部分谚语和俗语不仅反映了海南人对生儿育女的深刻认识，也体现了对家庭、后代和育儿原则的传统价值观。通过这些谚语，我们可以看到人们对于生育、教育和家庭责任的看法，以及对子女幸福和家庭和谐的期望。

【原话】

秕谷①饲都败本。

【英译】

Feeding even with chaff grains leads to inevitable loss.

【注释】

①秕谷：不饱满的稻谷。

【解释】

指用不饱满的稻谷喂养都赔本。反映了古时重男轻女观念下，认为即便投入最少资源养育女儿，也难有所回报的偏见。

【原话】

瞎眼强绝①。

【英译】

Being blind is better than having no descendants.

【注释】

①绝：这里指断子绝孙，没有后代。

【解释】

失明虽不幸，但相较于断绝后代，仍有可取之处，象征着在困境中寻找一线希望的态度。

【原话】

点点^①孥倪^②不怕寒。

【英译】

Little babies are not afraid of cold.

【注释】

①点点：小小。

②孥倪：婴儿。

【解释】

常用于强调小婴儿对寒冷的天然抵抗力。

【原话】

肚尖尖生男，肚扁平生女。

【英译】

A protruding, pointed belly in pregnant women is often associated with the birth of a boy, while a flat, wide belly suggests a girl.

【解释】

这是基于观察得出的传统生育观念，认为孕妇的肚子有些尖，一般是怀男孩；如果肚子稍微扁平，一般是怀女孩。

【原话】

妇姆没仔四十七，公爹^①没仔四脚直^②。

【英译】

Common belief holds that women lose their fertility by the age of 47, whereas men retain the ability until their death.

【注释】

①公爹：男人。

②四脚直：去世。

【解释】

通常认为，女性在 47 岁之后会失去生育能力，但男性直至生命终结仍有可能拥有生育能力。

【原话】

公婆疼头孙，父母疼尾仔。

【英译】

Grandparents often show a preference for the eldest grandchild, whereas parents have a special affection for the youngest child.

【解释】

在传统大家庭中，祖父母通常对长孙有特别的偏爱，而父母则对家中最年幼的孩子给予更多关爱。

【原话】

狗仔嘴，小仔手。

【英译】

Just as puppies explore the world with their mouths, little kids are curious and tend to touch everything with their hands.

【解释】

小孩子与小狗相似，都有强烈的探索欲望，但狗是用嘴，小孩是通过手触摸来认识周围的世界。

【原话】

好目只需一排①，好子只用一个。

【英译】

A single good eye suffices for clear vision, just as one outstanding child is enough to bring pride to a family.

【注释】

①一排：一边，代指一只眼。

【解释】

强调在视力和子女的培养上，质量远比数量来得重要，一只好眼睛能看得清楚，一个优秀的孩子足以令家庭骄傲。

【原话】

嫁女带贴①席②。

【英译】

Beyond the sorrow of parting with a daughter, parents must also provide a dowry to the groom's family.

【注释】

①贴：补贴，赠送。

②席：席子，这里泛指嫁妆。

【解释】

嫁女除了父母的心情复杂，还必须承担提供嫁妆的经济负担。描述了父母在嫁女时的双重压力：一方面是情感上的离别之苦，另一方面是经济上的负担。它形象地表达了在已经有了损失（女儿离开家庭）的基础上，还需要额外承担另一层次的损失（嫁妆）。

【原话】

裤不可松，小孩不可纵。

【英译】

Just as trousers must fit snugly, children must not be overly indulged.

【解释】

松散的裤子易脱落，放纵的孩子易误入歧途。强调对孩子的教育应严格，避免溺爱。

【原话】

龙生龙，凤生凤，老鼠生仔挖地洞。

【英译】

Like mother, like daughter.

【解释】

龙将生龙，凤将生凤，老鼠所生自能挖洞。此谚语形象地说明，子女往往会继承其父母的特质，亦说明师徒间的技艺传承。

【原话】

捏怕死，松怕飞。

【英译】

Holding too tight may harm, holding too loose may let go.

【解释】

抓握小鸟，捏得太紧恐其伤害，捏得太松又怕其逃逸。象征着对待亲子教育的艺术：过于严厉恐伤孩子之心，过于宽松则担忧其未来不成。

【原话】

女子回外家^①，吃一肚，扛一袋。

【英译】

When a married daughter visits her parents, she is warmly welcomed and leaves with gifts aplenty.

【注释】

①外家：娘家。

【解释】

女儿回娘家，不仅受到热烈的款待，且带着满满的礼物返归。此习俗体现了女儿在娘家永远受到宠爱与重视的地位。

【原话】

七成八败九成才。

【英译】

It's believed that babies born in the seventh or ninth month thrive more readily than those born in the eighth month.

【解释】

根据民间经验，怀孕七月份早产婴儿易抚养，八月份早产婴儿养护较难，而九月份足月婴儿则最为健康强壮，成活率高。

【原话】

青柴厄烧，娇子厄教。

【英译】

Just as green wood resists flame, a spoiled child resists discipline.

【解释】

娇宠过度的孩子教育起来困难，正如湿润的木柴难以着火。此谚语强调，在育儿过程中应严格要求，避免过度溺爱。

【原话】

人饲仔坐飞机，咱饲仔担粪箕^①。

【英译】

Others' children grow up to be promising while my children grow up to be good-for-nothing.

【注释】

①担粪箕：即挑簸箕做买卖的小贩。

【解释】

他人的孩子事业成功，能够让父母享受飞机旅行的乐趣；相反，我家的孩子尚需辛苦劳作以维持生计。这反映了家长对子女成就的期待与现实之间的差距，以及对他人育儿成就的羡慕。

【原话】

日头落墙，小仔找娘。

【英译】

As dusk falls, a baby looks for mother.

【解释】

日薄西山之际，孩童本能寻求母亲的安慰。随着光线渐暗，孩童或许感到不安或害怕，就会寻找母亲的怀抱以寻求安慰。

【原话】

三咕六坐九会爬，尻脽坐稳嘴出牙。

【英译】

At three months, a baby murmurs; by six, sits steadily; at nine, begins to crawl; and once sitting firmly, teeth start to appear.

【解释】

形容婴儿成长期的表现，宝宝三个月会发出"嗯咕"的声音，六个月能坐起来，九个月会爬行，能坐稳后开始长牙。当然，这里描述的是婴儿成长的一般规律，还是会有个体差异。

【原话】

生公爹仔好听，生妇姆仔好命。

【英译】

Having a baby boy may bring social acclaim, but having a baby gird brings greater blessings.

【解释】

受中国"男尊女卑"传统文化影响，男孩才能传宗接代，因而生儿子名声好听；而女儿很贴心，即使婚后也不忘照顾父母、孝顺父母，所以说生女儿命好。不过，现在人们的观念有很大的变化，认为生男生女都一样好。

【原话】

饲仔不算饭钱。

【英译】

It never occurs to parents to calculate the expenses of raising a child.

【解释】

养育孩子，父母从不计较花费了多少钱，体现了父母无私的爱与奉献。

【原话】

一代丑新妇，九代丑子孙。

【英译】

A plain-looking daughter-in-law gives birth to plain-looking offspring.

【解释】

传统观念认为，家族中若有相貌不美的媳妇，其后代亦会沿袭。这一看法不仅带有对女性的歧视，还忽略了遗传学中的复杂性和变异性。真正的相貌遗传是双方基因共同作用的结果。

【原话】

一母能饲十仔，十仔难饲一母。

【英译】

A single mother can nurture ten children, yet those ten grown children may struggle to care for her in return.

【解释】

无论生活多么艰难困苦，一个母亲就算是养育十个儿女，也能把他们拉扯成人，帮他们成家立业。然而，孩子长大成家之后，却互相推卸抚养父母的责任，谁都不想多出力，就造成父母年老失养的情况。形容母爱的伟大和无私，相比之下，孩子却缺乏孝顺之心。

【原话】

一母生出九子。

【英译】

A single mother gives birth to nine distinct children.

【解释】

同一个母亲生出来的孩子性格、脾气、爱好也不尽相同，说明事物具有多样性。

【原话】

有子穷不久，无子穷久久。

【英译】

Offspring herald prosperity for their parents.

【解释】

孩子被视作家庭未来的希望和财富，无后代则意味着缺乏未来的支柱和安慰。

【原话】

远田当没有，远子当没生。

【英译】

Fields afar are like having no land; sons afar are as if they were never born.

【解释】

远在他乡的田地不好打理，收益很小，就像没有一样。同样，远离家乡的子女无法经常陪伴年迈的父母，父母得不到子女的照顾，产生孤单无助的情绪。它强调了距离对家庭生活和亲情的重要影响，表达了对亲情疏离的无奈。

【原话】

愿死十个做官父，不愿死一个乞丐母。

【英译】

One beggar mother is worth more than ten fathers in office.

【解释】

在养育子女的过程中，母亲的付出和牺牲远超过父亲。强调了母亲在子女成长过程中所付出的巨大牺牲和努力，即使是贫困的母亲，她的价值和重要性也超过了十个身居高位的父亲。它突出母爱的伟大和无私，强调了母亲在家庭中的核心地位和作用。

【原话】

猪生猪疼，狗生狗疼。

【英译】

Every child is the apple of his or her parents' eye.

【解释】

用动物来比喻人，形容父母都疼爱自己的小孩。

【原话】

子多饿母死。

【英译】

Too many children lead to a mother's hunger and suffering.

【解释】

在艰苦年代，一个家庭如果孩子众多，往往意味着母亲需要承受极大的生活压力和艰辛，有时甚至需要牺牲自己的需求，以确保孩子们能够生存下去。

四、持家有方

这部分谚语和俗语涉及家庭经济管理、节俭持家等方面的智慧，强调了稳定的家庭经济基础对家庭幸福的重要支撑。

【原话】

不当家不知米贵。

【英译】

He who takes no charge of the household knows nothing about the daily expenses.

【解释】

如果没有亲自承担家庭管理的责任，便很难真正理解和体会到维持日常生活的成本和其中的困难。

【原话】

吃在嘴头，钱在手头。

【英译】

He enjoys a life of abundance with wealth at his fingertips.

【解释】

吃穿不愁，而且手里有钱。形容生活富足，财富自由。

【原话】

持家要俭，待客要丰。

【英译】

Managing a household requires thriftiness, while hosting guests demands generosity.

【解释】

在家庭生活中，节俭是基本原则；但在接待客人时，应展现出慷慨与热情，通过提供丰盛珍贵的菜肴来彰显对客人的尊重与热情好客。

【原话】

大吃大喝眼前香，细水长流千日甜。

【英译】

Short-lived is the joy of lavish feasts, enduring is the sweetness of frugality.

【解释】

追求一时的奢华享受只能带来短暂的快乐，而持家有道、节俭生活则能确保长久的幸福与甜蜜。强调了节俭和持家的重要性。奢华的享受虽然能带来短暂的愉悦，但只有细水长流、节约有度的生活方式才能带来长久的幸福和甜蜜。

【原话】

冬买单衣夏买寒衣，定能省下一笔钱。

【英译】

Buying summer outfits in winter and warm clothes in summer can definitely save money.

【解释】

在冬天购买夏装、夏天购买冬装，可以大大降低服装支出，达到节省钱财的效果。强调了通过在非当季购买衣物来节省开支的智慧。

【原话】

好仔不如好新妇，好女不如好郎家①。

【英译】

In terms of enhancing family welfare and ensuring harmony, a virtuous daughter-in-law surpasses a good son, just as an outstanding son-in-law is more beneficial than a good daughter.

【注释】

①郎家：女婿。

【解释】

一个贤惠的儿媳能促进家庭和谐，甚至比一个优秀的儿子更重要。同样，一个出色的女婿不仅能让女儿幸福，还能对娘家提供帮助，比一个优秀的女儿更有利。这反映了家庭关系中的微妙平衡和不同角色对家庭幸福的影响。

【原话】

家和家富，家闹家穷。

【英译】

Harmony in a family fosters prosperity, whereas discord leads to impoverishment.

【解释】

家庭内部的和睦是兴旺发达的基石，反之，内部纷争和不和将直接影响家庭的经济状况，导致贫困。此句俗语告诫人们家和万事兴，家庭成员之间友爱相处，才有可能发家致富。

【原话】

家庭一条心，有钱也有金；家庭不同心，无钱买灯芯。

【英译】

A family united thrives with wealth and prosperity; divided, it struggles even for the basics.

【解释】

家庭成员的团结是积累财富的关键；反之，若缺乏团结，即使基本的生活需求都难以满足。

【原话】

骂妹点嫂名，打草给蛇听。

【英译】

Scolding the sister but naming the sister-in-law, as beating the grass to alert the snake.

【解释】

明里骂妹妹实则说嫂嫂，通过打草丛吓跑蛇。强调了一种间接的、含蓄的批评方式，旨在提醒或震慑特定对象。这种方法类似于成语"敲山震虎"，通过表面上的行动来传达更深层次的意图。

【原话】

勤力不困肚①，积钱②有门路。

【英译】

Diligence prevents hunger, and saving paves the way to wealth.

【注释】

①困肚：饿肚子。

②积钱：存钱。

【解释】

指辛勤劳动不会饿肚子，积蓄在关键时刻有助于解决问题。形容勤劳与节俭是家庭繁荣昌盛的基石。

【原话】

上得厅堂，入得厨房。

【英译】

A woman can act gracefully in the hall and be a master in the kitchen.

【解释】

形容女性既拥有优雅的社交风度，又具备卓越的家务管理能力，兼具内外兼修的美德。

【原话】

饭粥耐吃，破衣耐穿。

【英译】

Porridge stretches meals, patched clothes endure wear.

【解释】

煮稀饭放的米少，家里可以多吃几顿；衣服破了，补补还可以再穿。形容在困难时期通过勤俭节约维持生活。

【原话】

一日省一把，三年买只马。

【英译】

Penny and penny laid up will be many.

【解释】

即使是一点一滴的小额节省，最终也能汇聚成丰厚的财富。强调日常生活中的积累和节俭的重要性，提醒人们要善于节俭、储蓄，认识到小额节省的累积效应。

【原话】

做田要好牛牯①，兴家要好老婆。

【英译】

Just as a sturdy ox is indispensable for farming, a virtuous wife is pivotal for building a prosperous family.

【注释】

①牛牯：公牛。

【解释】

正如强健的耕牛对农事至关重要，一个贤惠的妻子对家庭的繁荣起着决定性作用。

【原话】

做室扬师傅，教仔敬先生。

【英译】

Respect the craftsmen when the house is being built and respect the teachers for children's education.

【解释】

在建房时要信任工匠的技艺，在教育孩子时要尊重教师的指导。这寓意着在任何事务上，信任和尊重专业人士的重要性。

五、家庭教育

这部分谚语和俗语反映了海南人民对子女教育方式和内容的关注，以及德、智、体、美、劳全面发展的教育理念。

【原话】

打牛生，打马熟，打人变野鹿。

【英译】

Whipping may tame a horse, but using force on cattle or humans only leads to resistance and rebellion.

【解释】

常用来劝人不要打骂小孩，越打孩子就越发难以管教。

【原话】

刀利不用力，好仔不用多。

【英译】

A sharp knife requires minimal effort to cut, just as one outstanding child is enough for a family.

【解释】

一把锋利的刀只需轻轻一切就能完成工作，同样，一个出色的孩子就可以满足家庭的需要，不需要过多的子女。强调了质量胜过数量的原则，认为一个优秀的孩子比多个一般的孩子更有价值。

【原话】

多大官员母肚出，母不做王谁做王。

【英译】

Every great figure, regardless of their stature, originates from a mother, making her the true sovereign of this world.

【解释】

无论一个人的身份地位有多高，他们都是母亲生出来的，因此母亲被认为是这个世界上真正的主宰。提醒人们要尊重、珍惜并孝顺自己的母亲，母爱是人类最伟大的力量之一，值得我们永远铭记和感恩。

【原话】

好稻要好秧，好仔要好娘。

【英译】

Just as superior seedlings yield superior rice, a distinguished mother raises distinguished offspring.

【解释】

优秀的秧苗是丰收稻米的保证，而高素质的母亲则是孩子成才的关键。

【原话】

好鼓不用重槌打，好仔不用重语教。

【英译】

A quality drum does not require forceful beating, just as a good child does not need harsh scolding.

【解释】

优质的鼓轻轻敲击就发出悦耳的声音，同样，优秀的孩子不需要过度严厉的教导就能成长为德才兼备的人。它强调了温和、包容的教育方式，认为通过爱和理解来引导孩子会更加有效。

【原话】

何大①蟹住何大坑。

【英译】

The size of the crab determines the size of its burrow.

【注释】

①何大：多大的。

【解释】

螃蟹的体积直接决定其居所的规模。比喻人的能力决定其能承担的责任大小，同时也提醒人们按照自己的经济能力消费，避免挥霍无度。

【原话】

鸡姆①上灶鸡仔看样。

【英译】

Chicks mimic a hen climbing onto the stove.

【注释】

①鸡姆：母鸡。

【解释】

母鸡一旦飞上灶，其雏鸡便跟着学习此行为。用母鸡和雏鸡的行为来比喻子女常常模仿长辈的行为。它强调了父母的行为对子女的潜移默化影响，提醒人们要在言行举止上给予孩子良好的示范。

【原话】

家穷勤扫室，丑女多梳头。

【英译】

A tidy home reflects well even in poverty, and grooming enhances even plain looks.

【解释】

即使家境贫寒，也要保持家居整洁；即使外貌平凡，通过勤于梳妆打扮，也能展现出独特的魅力和气质。鼓励人们在生活中保持勤劳节俭的习惯，同时也提倡在外在形象上精心打理，展现出自己的独特魅力。

【原话】

家有银山，坐吃也空。

【英译】

Even a fortune like a mountain dwindles without work.

【解释】

即使家中财富万贯，若是不去劳动继续创造财富，也经不起长期的吃喝玩乐，再多的家产也会败光。

【原话】

浇花要浇根，教仔要教心。

【英译】

Watering the roots nourishes the flower, cultivating the heart raises the person.

【解释】

指浇花要浇到根上，枝叶才会茂盛，花朵才会鲜艳；教育孩子要重在思想教育，思想开通学习才会自觉。此句俗语提醒人们做事情得抓住主要矛盾，有的放矢。

【原话】

教仔千日不足，纵仔一日有余。

【英译】

It is never long enough to educate a child while spoiling him a day may make him go astray.

【解释】

把孩子教育好，长期努力还嫌不够；纵容孩子，用不了一天孩子就会变坏。形容教育孩子是长期的事情，要时刻严防纵容孩子。

【原话】

敬爱公婆大过天，孝敬父母大过地。

【英译】

It is of great importance to show respect to our grandparents and our parents.

【解释】

将祖父祖母和父母比作天地，强调了他们在家庭中的至高无上的地位。尊敬和孝敬长辈被视为家庭美德之首，是构建和谐家庭关系的关键。

【原话】

烂鱼不听盐，歹仔不听教。

【英译】

As rotten fish rejects salt, disobedient children resist teaching.

【解释】

就像腐烂的鱼不会再吸收盐一样，顽劣的孩子不会轻易接受教诲。它强调了一旦行为堕落，就很难再被改变或纠正。告诫人们要及早关注和纠正孩子的不良行为，以免日后难以挽回。

【原话】

骂呆打愚。

【英译】

Harsh words dull the wit, while beatings blunt the sense.

【解释】

频繁的责骂会影响孩子的智慧和理解力，而频繁的体罚则会削弱孩子的感知能力。孩子的成长需要耐心和指导，而不是简单的责骂和暴力。

【原话】

拳头打出外，手指曲入内。

【英译】

A punch goes outward, but fingers curl inward.

【解释】

拳头向外击打代表对外界的防御和保护，而手指向内弯曲则象征家庭内部的团结和支持。它强调了家人之间应该相互支持、内部团结，不应偏袒外人，以维护家庭的稳定和和谐。

【原话】

日日待客都不穷，夜夜做贼都不富。

【英译】

Daily hospitality won't lead to poverty, nightly theft won't bring wealth.

【解释】

通过善待客人和勤奋劳动可以获得财富，而通过盗窃等不正当手段获取财富是不道德的，也不会带来真正的富裕。它提醒人们要坚持正直的生活方式，远离不法行为，才能真正实现持久的幸福和成功。

【原话】

上室教仔下室精。

【英译】

While teaching one's own children, it's often the neighbor's children who reap greater benefits.

【解释】

有时候，尽管家长致力于教育自己的孩子，但实际上可能是邻居的孩子在旁听或观察中受益更多。说明教育的影响不仅仅局限于家庭内部，也能够波及周围的人。

【原话】

生仔不教如喂猪，生女不教如喂牛。

【英译】

Raising a child without educating is like feeding a pig or a cow.

【解释】

养育子女不教育如何做人，就等同于养牛和猪。突出教育的重要性，认为对孩子进行教育培养是家庭责任的核心，不教育孩子等同于失去人的本质，仅仅满足生理需求。

【原话】

识字人仔儿瘾①玩文墨，做柴工仔儿会做斧凿。

【英译】

Children from literati families like reading and writing, whereas those from craftsmen families are adept at handling tools.

【注释】

①瘾：喜欢。

【解释】

从学者家庭出身的子女倾向于学习文学艺术，而工匠家庭的后代则擅长技艺操作，反映了家庭背景和父母职业对子女技能和兴趣的深刻影响。

【原话】

手心曲回内。

【英译】

People do things on their own favor.

【解释】

形容做人做事帮家里人，不偏袒外人。同"胳膊肘不往外拐"的意思。

【原话】

树不剪，长不直；仔不教，不成才。

【英译】

Just as a tree cannot grow into a timber without pruning, a child cannot achieve success without education.

【解释】

就像树木需要修剪来保持生长的方向一样，孩子也需要教育来培养他们的潜能和才华。这表明了教育和引导的重要性。

【原话】

种树不护厄成林，生仔不教厄成人。

【英译】

Without nurturing, trees can't grow into a forest; without education, a child can't develop into a responsible adult.

【解释】

树苗需要精心护理才能长成茂密的森林；同样，孩子也需要良好的教育才能成长为有用之人。强调了家庭和社会对于孩子成长的重要作用，提醒人们要重视对孩子的培养和教育。

【原话】

小孩作歹，再不教就变山猪野鹿。

【英译】

Failure to discipline a child leads to untamed behavior akin to wild animals.

【解释】

如果不及时纠正孩子的错误行为，他们的行为就会变得难以控制，就像野生动物一样不受约束。提醒家长和教育者要及时进行教育，以塑造良好的行为习惯和品德素养，帮助孩子健康成长。

【原话】

兴家三年，败家三时。

【英译】

Building a family's prosperity takes years, yet its downfall can happen in moments.

【解释】

建立一个家族的繁荣需要长时间的努力和积累，但是它的衰落却可以在短时间内迅速发生，可能只需要几个错误的决定或不慎的行动。提醒人们要珍惜和保护家庭的财富和稳定，以免遭受意外的损失。

【原话】

有理无理，按大的做起。

【英译】

Regardless of the situation, the older siblings should lead by example.

【解释】

不论情况如何，年长者都应该做出正确的示范，为年幼者树立榜样。这种行为可以帮助家庭建立秩序与和谐，同时也有助于年幼者学习和成长。

【原话】

欲想小孩有本事，让他吃苦心不痛。

【英译】

Hardship makes a great mind.

【解释】

孩子的成长与能力的培养，离不开吃苦与历练的过程，每经历一次苦难，便是一次成长。强调了困难和挑战对于个人成长的重要性，认为经历过苦难的人会更加坚强、有毅力，并且拥有更加优秀的心智。

【原话】

桌上教子，枕上教妻。

【英译】

Educate children at the dining table and communicate with the spouse in private moments.

【解释】

在家庭生活中，教育孩子和夫妻之间的沟通都是非常重要的。在餐桌上，父母可以对孩子们进行教育和引导，教导他们品德和礼仪；而在私人时刻，夫妻之间可以进行更深层次的交流和沟通，分享彼此的想法和感受，增进彼此的理解和信任。这句话强调了教育和沟通在家庭关系中的重要性，提醒人们在家庭生活中要重视这两个方面的作用。

【原话】

纵仔分饭，疼仔分箠①。

【英译】

Spoil your child, give him treats. Love your child, discipline him.

【注释】

①分棰：用棍子打。

【解释】

过分宠溺孩子只会让他们变得任性和不懂规矩，而真正的爱应该包括适当的管教，以帮助他们成长为懂得尊重他人、自律和负责任的人。强调了父母在对待孩子时需要区分宠爱和管教的方式。

六、父母儿孙

这部分谚语和俗语揭示了家庭中代际关系的处理，如尊老爱幼，子女对父母的孝顺以及父母对子女的关爱。

【原话】

不讨新妇干着急，讨来新妇又怄气。

【英译】

Parents worry when their son isn't married, yet fret over in-law relations once he is.

【解释】

儿子未婚时父母常常担心他找不到合适的妻子，而一旦儿子成家，他们又担心婆媳关系的复杂和处理的困难。反映了父母对于子女生活的关切和期望，以及成年后面临的家庭挑战。

【原话】

吃鸡肠厌鸡屎，娶老婆厌父母。

【英译】

He dislikes his parents after he has got him a wife just as he likes eating chicken intestines but dislikes the smell of chicken shit.

【解释】

通过比喻吃鸡肠却厌恶鸡屎的情景，形象地表达了成家后忽视父母的养育之恩，警示人们不要因为迎娶妻子而忽视或忘记了父母的养育之恩。

【原话】

打在仔身上，疼在母心上。

【英译】

The child's punishment pains the mother's heart even more.

【解释】

指孩子挨打，母亲心痛，体现了母爱的深沉与无私。

【原话】

歹仔饲父。

【英译】

The mischievous child ultimately becomes a dutiful son.

【解释】

指那些小时候调皮捣蛋的孩子，长大之后变得体贴入微，勤于尽孝，反转众人对他早年行为的评价。

【原话】

父病三年子不孝。

【英译】

Prolonged illness dims the virtue of filial piety.

【解释】

指父母长期患病卧床往往考验着孝顺之心，即便最孝顺的子女也难以持续不变地给予细致照顾，反映了人性中的一种无奈。

【原话】

父母疼仔跟^①牛毛多，仔疼父母跟牛毛长。

【英译】

The love of parents for their children is as abundant as the hairs on an ox, whereas the filial piety of children towards their parents is as sparse as the length of each hair.

【注释】

①跟：如同。

【解释】

牛毛多但牛毛短，比喻父母之爱子女如牛毛之密，子女之孝如牛毛之长。

暗含父母对子女的爱远超过子女对父母的孝顺。

【原话】

虎毒不食子，狗饿不伤主。

【英译】

Even a fierce tiger will not eat its cubs, and a hungry dog will not harm its owner.

【解释】

即便是凶猛如虎，也有爱护后代之情；饥饿如狗，亦不忘忠诚于主。形容即使在极端条件下，天性中的爱与忠诚亦不会泯灭。

【原话】

手板①是肉，手背也是肉。

【英译】

Whether the palm or the back, both are part of the body.

【注释】

①手板：手心。

【解释】

手心与手背，均属身体一部分，象征对家中每个人的公平对待，无论顺境还是逆境。同时指家庭纠纷中，双方均系亲情纽带，难以取舍。

【原话】

树大分枝，仔大分家。

【英译】

Large trees inevitably branch out; grown children inevitably establish their own households.

【解释】

如同大树长大了就分枝杈，孩子成年后自然会娶妻成家，这是自然规律和社会发展的必然趋势，特别是在乡村，成家立业被视为成年人的重要里程碑。

【原话】

头是金，尾是银，中间是番薯藤。

【英译】

The eldest child is likened to gold, the youngest to silver, while the middle children are akin to sweet potato vines.

【解释】

古时家庭中，长子和幼子常被视为贵重，得到特别的宠爱，而中间的孩子则常感到被忽略，如同普通的番薯藤。

【原话】

头仔①大父三岁。

【英译】

The eldest son holds a status akin to being three years senior to his father.

【注释】

①头仔：长子。

【解释】

长子在家里的地位高，即使父亲也要让他三分。

【原话】

小怕仔哭，大怕仔骂。

【英译】

Parents fear the cries of their young and dread the rebukes of their grown.

【解释】

孩子小的时候担心孩子哭，孩子大了又担心被孩子骂。这不仅反映了父母永远操心的本性，也揭示了一些孩子对父母辛勤付出的不理解与不珍惜。

【原话】

檐沟水一滴跟一滴。

【英译】

Water drips from the eaves, each drop following the next in succession.

【解释】

旧时瓦房屋顶的檐沟流下的每一滴雨水都是滴滴相随，不会偏离固定轨迹的。此句俗语忠告人们，父母对长辈孝敬，那么晚辈将来也会孝敬他们，反之亦然。父母是孩子的模仿对象，做父母的应当为孩子树立好榜样。

【原话】

子不嫌母丑，母不嫌子瞎眼。

【英译】

A child does not despise the mother for her looks, nor does the mother despise her child for blindness.

【解释】

体现了家人之间无论外貌或能力如何，都不会相互嫌弃的深厚情感。

七、饮食健康

这部分谚语和俗语中的饮食健康观念不仅是对传统饮食文化的传承，也是对现代人健康生活方式的有益指导。通过这些谚语，我们可以了解到，健康的饮食习惯和合理的生活方式对于维护身体健康和预防疾病有着不可替代的作用。

【原话】

病从嘴入，祸从嘴出。

【英译】

Illness enters by the mouth; troubles exit from it.

【解释】

提醒人们饮食需谨慎，言语需三思，因小失大者往往是由于不注意小节造成。

【原话】

病人不忌嘴，医生跑断腿。

【英译】

The doctor is kept as busy as a bee if the patient disregards dietary restrictions.

【解释】

警示患者患病期间应严格遵守饮食禁忌，否则医师的辛苦将付诸东流，病情易反复不愈。

【原话】

吃饭先吃汤，健胃又健肠。

【英译】

Drinking soup before meals aids digestion.

【解释】

饭前喝汤有助于食物的稀释和搅拌，从而有益于肠胃对食物的消化和吸收，降低肠胃负担，维护肠胃健康。

【原话】

吃咸吃淡，吃赤①吃白②。

【英译】

Enjoying both meat and vegetables, lean and fat alike in life.

【注释】

①赤：瘦肉。

②白：肥肉。

【解释】

用一个人的不挑食、好胃口来形容生活丰富多彩，无论咸淡、瘦肥，皆能享受，体现生活的丰富与平衡。

【原话】

吃鱼吃肉人命短，吃姜配盐人命长。

【英译】

Consuming less meat and more ginger with salt leads to a longer life.

【解释】

海南传统养生理念强调减少摄入荤腥，多食姜盐，有益于延年益寿。

【原话】

粗吃粗肥，择食尖尻腄①。

【英译】

Eating a variety of food leads to health, while getting picky about food leads to weakness.

【注释】

①尻腄：屁股。

【解释】

在饮食方面，如果不挑食，就会身强体壮；如果顿顿挑食，就会变成尖嘴猴腮，骨瘦如柴。常用来教育小孩吃饭不要挑食，才能健康成长。

【原话】

大火炒菜，小火炖肉。

【英译】

Vegetables are best stir-fried on high heat, while meat requires slow simmering on low heat.

【解释】

炒菜需用旺火快炒以锁住蔬菜的鲜味；肉类炖煮则宜用文火慢炖，以使肉质酥软、汤汁浓郁，保留食材原有的营养。

【原话】

大蒜杀菌，绿豆解暑。

【英译】

Garlic has antibacterial properties, while mung bean soup serves as an effective cooling drink for the summer.

【解释】

大蒜以其抗菌特性，可预防及治疗细菌引起的疾病；绿豆汤清凉甘甜，有利于降低体温、解毒消暑，促进排尿与滋润皮肤，是夏日消暑的佳品。

【原话】

动嘴三分力。

【英译】

Taking a few bites boosts energy.

【解释】

进食能够为身体补充力量，常用于鼓励食欲不振的病人多摄取食物以恢复体力。

【原话】

肚饱厌鸡肝。

【英译】

Being full makes even delicacies like chicken liver unappealing.

【解释】

旧时物资匮乏，鸡肝被认为是极品美食，然而一旦人吃饱了，即便是这样的美味也会变得没有吸引力，说明了过度的满足会减少对美好事物的欣赏和渴望。

【原话】

肚是布袋，愈吃愈装。

【英译】

The stomach, like a cloth bag, expands with more consumption.

【解释】

肚子被比作布袋，暗示吃得越多，其容量似乎越大。这句话语提醒人们饮食要适度，警戒贪食的习惯。

【原话】

多吃东山羊，少穿寒衣服。

【英译】

Frequent consumption of Dongshan mutton reduces the need for heavy winter clothing.

【解释】

万宁东山羊是海南四大名菜之一，冬天多吃羊肉滋补，暖胃又暖身，身体健康就能抵御寒冷，使得厚重冬衣变得非必需。

【原话】

饭饱不洗澡，酒醉不剃头。

【英译】

Avoid bathing after eating and haircuts when drunk.

【解释】

饭后避免沐浴，以免影响消化吸收；酒后不宜理发，防止意外发生。

【原话】

饭后三百步，少到药材铺。

【英译】

Walking three hundred steps after dining keeps the pharmacy at bay.

【解释】

餐后适量散步助消化，活动筋骨，身体更健康。

【原话】

骨头刺过皮。

【英译】

He is so thin that his bones almost pierce his skin.

【解释】

描述极度瘦弱的状态，几乎可以看到骨头穿透皮肤。

【原话】

寒天常吃羊肉汤，不用医生开药方。

【英译】

Regular consumption of mutton soup during winter keeps the doctor away.

【解释】

羊肉汤作为冬季的佳品，其营养价值与药用效益俱佳，可增强体质、强健身体，避免疾病，从而减少就医与用药的必要。

【原话】

好菜不贪吃，美食无过饱。

【英译】

Refrain from overindulging, even in the finest of meals.

【解释】

即使是再美味的食物，也应避免贪吃过量。

【原话】

红椰①奶炒鸡，阿母奶汁多。

【英译】

Chicken cooked in red coconut milk is believed to enhance lactation.

【注释】

①红椰：椰子果皮大多是青色，但这种椰子果实外皮呈红色，故名红椰。

【解释】

这是民间食疗方子，哺乳期母亲食用红椰奶炒鸡能促进奶水分泌。

【原话】

空肚不吃酒，吃酒先吃菜。

【英译】

Never drink alcohol on an empty stomach; eat some food first.

【解释】

喝酒前应先吃些食物，以减轻酒精对身体的影响，降低损害和醉酒的风险。空腹饮酒对健康有重大隐患。

【原话】

鹿在深山狗赶出，话在肚内酒赶来。

【英译】

Wine brings hidden truths to light.

【解释】

正如狗能将深山中的鹿赶出，酒精能让人吐露心中隐藏已久的秘密。这表明在酒精作用下，人们可能会不加控制地说出平时不会说的话。

【原话】

闷心吃人参都瘦，欢心①吃菜汤都肥。

【英译】

Gloom may keep one lean despite consuming ginseng, while joy fattens even on vegetable soup.

【注释】

①欢心：乐观的人。

【解释】

即使食用营养丰富的食物，心情低落的人也可能无法获得健康益处；相反，心情愉悦的人即使饮食简单也能保持良好的身体状况。强调保持乐观心态的重要性。

【原话】

命长的食多，不是肚大的食多。

【英译】

Longevity brings more meals, not a larger belly.

【解释】

从生存时间看，真正吃得多的是长寿者，而非腹大之人吃得多。

【原话】

缺一灶火。

【英译】

Lacking the final touch of heat.

【解释】

原本指烹饪时火候未达理想状态，常用来形容事物接近完美但仍有所欠缺，亦即鼓励人再加一把劲。

【原话】

人肥汤，鸡肥糠。

【英译】

Humans thrive on nutritious soups; chickens on rice bran.

【解释】

汤有营养，人要想长胖就多喝汤，要使鸡肥就多喂米糠。

【原话】

人参燕窝，不比鲜鱼鲜汤。

【英译】

To Hainan people, the soup of ginseng and bird's nest is not superior to fresh fish soup.

【解释】

海南人更偏爱鲜鱼汤，认为其不逊于人参、燕窝。

【原话】

入夜少吃水，睡前不喝茶。

【英译】

Minimize water intake and avoid tea before bedtime.

【解释】

夜间减少饮水可避免夜间多次起床上厕所，睡前避免喝茶是因为茶叶含有的咖啡因和茶氨酸可能刺激大脑中枢神经，影响睡眠质量。

【原话】

若被蜈蚣咬，快找鱼腥草。

【英译】

If bitten by a centipede, seek out cordate houttuynia for treatment.

【解释】

民间药方。在野外被蜈蚣咬伤，可以寻找鱼腥草，将其捣碎，敷在伤口的位置。鱼腥草具有清热解毒的功效，可避免毒液渗入到身体中，从而暂时维持生命安全。

【原话】

生姜配蜂糖，咳嗽能治。

【英译】

Ginger mixed with honey can alleviate coughs.

【解释】

民间药方。指煮生姜水加蜂蜜治疗风寒咳嗽。

【原话】

水煎花椒，感冒全消。

【英译】

Boiling Sichuan pepper in water can help alleviate a cold.

【解释】

民间药方。花椒粒性温，熬水可以温中散寒、逐寒燥湿，有治疗风寒感冒的功效。

【原话】

太阳是个宝，常晒身体好。

【英译】

Regular sun-bathing is beneficial for health.

【解释】

万物生长靠太阳，人也一样，尤其是冬天，常晒太阳身体好。

【原话】

汤子①醋子②喝光光!

【英译】

The meal is so appetizing that every bit of broth and dipping sauce was devoured.

【注释】

①汤子：汤底。

②醋子：蘸汁。

【解释】

形容吃得很干净，碗盘里什么都不剩。

【原话】

五谷五谷，好吃不好弃。

【英译】

The five grains are nutritious and should not be wasted.

【解释】

粮食既有营养又好吃，不应被浪费，倡导物尽其用的原则。

【原话】

咸鱼配饭钵澈。

【英译】

With salty fish, the rice in the pot is quickly gone.

【解释】

有好吃的咸鱼下饭，锅里的饭就很快被吃得精光。形容有恰当的激励，任务就会快速完成。

【原话】

咸鱼配糯，香全村。

【英译】

Salty fish with rice was a delicacy in the old days.

【解释】

在物资短缺的年代，咸鱼搭配干饭已经是难得的美食，堪比美味佳肴。

【原话】

羊吃百草，肉能当宝。

【英译】

The goat feed on various grass so its meat is great.

【解释】

羊根据自身生理需要选择草木为食，所以羊有"百药之库"之称；羊肉性温不燥，能暖中补虚，益肾壮阳，具有强壮筋骨的功效。

【原话】

椰子肉配砂糖，乜事都无。

【英译】

Eating coconut with sugar digests well.

【解释】

椰子肉如果单独食用过多，可能会导致消化不良。但是，当椰子肉与砂糖一起食用时，可以避免这一问题。

【原话】

欲想小孩安好，常带三分饥与寒。

【英译】

For the sake of health, it is advisable not to force a child to eat too full or keep him very warm in winter.

【解释】

指希望小孩子平安不生病，就应该让他吃饭吃七成饱，不增加肠胃消化系统的负担；冬天给小孩穿衣穿得少一点，孩子多经受一些寒冷，能激发孩子身体的自我保护机制，体质更好。

【原话】

早餐要好，中餐要饱，晚餐要少。

【英译】

A nutritious breakfast, a hearty lunch, and a light dinner are beneficial for health.

【解释】

早上应吃营养丰富的早餐以补充能量，中午吃丰富的午餐以维持一天的活力，晚上少吃以减轻消化系统的负担。

【原话】

猪贪吃会肥，狗贪吃会瘦，人贪吃会病。

【英译】

Pigs become fat when they overeat, dogs become thin when they overeat, and humans become ill when they overeat.

【解释】

猪吃胀了会肥，狗和人一样都不可以吃得太胀，太胀的话，时间一长胃就出问题。现代医学养生也提倡健康饮食，只吃七八分饱，有利于身体健康。

八、强身健体

这部分谚语和俗语体现出当地人对于健康的高度重视，以及他们在日常生活中如何通过饮食、运动、心态调整等方式进行自我养生和疾病预防。这些传统智慧对于当代社会仍具有借鉴价值，教导人们如何以更自然、更和谐的方式维护健康。

【原话】

寒天动一动，少得病与痛；寒天懒一懒，药汤喝几碗。

【英译】

Staying active in winter wards off illness; inactivity invites the need for medicine.

【解释】

即使在寒冷的冬天也要坚持锻炼，才能促进血液循环，不易患病；而在冬季懒于运动的人，体质减弱，容易患病，就不得不吃药医治。

【原话】

千金难买无病痛。

【英译】

Wealth cannot purchase a life free from illness.

【解释】

金钱难买健康。形容健康最重要，金钱换不来。

【原话】

三年无病大福气。

【英译】

Remaining illness-free for three years is a significant blessing.

【解释】

常年不生病就是最大的幸福，形容健康是福。

【原话】

水流不臭，人动不老。

【英译】

Running water does not go stale, and an active person does not age.

【解释】

指流动的水不会发臭，经常锻炼的人不会显老。

【原话】

无病三年大富贵，有病三年富变穷。

【英译】

Three years of health is wealth; three years of illness leads to poverty.

【解释】

身体健康就是一笔巨大的财富，而患病既伤身又损失财产，强调健康的重要性。

【原话】

五月节洗艾草水，百病都赶跑。

【英译】

Bathing in mugwort water on the Dragon Boat Festival is believed to fend off illnesses.

【解释】

在端午节，海南人沿袭洗艾草澡的习俗，全家不论男女老幼都用艾叶煮水洗澡，据说有治皮肤病、除菌健肤的功效。

【原话】

小时不生虫，大来不成人。

【英译】

Without childhood ailments, one does not grow strong.

【注释】

①虫：害虫，代指疾病。

【解释】

如果小孩子不生点小病，就不能健康成长。安慰父母的话。

【原话】

药补不如食补，食补不如动补。

【英译】

Dietary nourishment is better than medicinal, while physical activity is the most favorable for keeping fit.

【解释】

是药三分毒，但食物没有毒性，所以说药补不如食补；运动能强身健体，使心情愉悦，所以说食补不如动补，强调生命在于运动。

【原话】

药医不死人。

【英译】

Medicine heals those with the will to live.

【解释】

只有不想死的人，药才能医好。形容病人有求生欲是治好病的前提。

【原话】

一日三大笑，强过吃补药。

【英译】

Laughing three times a day is better than taking health tonics.

【解释】

大笑使人开心，心情舒畅，胜过吃药，有益于延年益寿。

九、百姓家常

这部分谚语和俗语形象描绘了海南岛民的生活哲学、日常习惯与社会风情。通过这些谚语，我们可以了解到海南百姓在面对日常生活的挑战与机遇时，所展现出的智慧、幽默，以及对家庭、健康和社会关系的深刻理解。这些谚语不仅是对过去生活方式的记录，也为现代社会提供了宝贵的生活智慧。

【原话】

吃饭大过皇帝。

【英译】

Satisfying hunger is paramount, even more so than the emperor.

【解释】

形容解决温饱问题是人生第一需求，先吃饱才能干活。

【原话】

等路。

【英译】

Gifts brought home when visiting relatives and friends.

【解释】

在路口等候。指小孩子听说有亲戚来，或出远门的亲人回家，早早就去路口等候，实则等待他们带来的礼品。代指做客带的礼品。

【原话】

番薯藤亲戚。

【英译】

Sweet potato vine relatives, signifying distant kinship.

【解释】

番薯藤越长越长，比喻远亲、八竿子打不着的亲戚。

【原话】

富人天天都过年，穷人只有一个年。

【英译】

For the wealthy, every day is like the Chinese New Year; for the poor, the festivity comes but once.

【解释】

形容富人有钱享受生活，每天都像过年一样丰衣足食，而穷人生活拮据，只有过年的时候才有顿好吃的。

【原话】

狗不嫌家贫，仔不嫌母丑。

【英译】

Dogs do not despise poverty, nor do children scorn their mother's looks.

【解释】

狗不嫌弃主人家贫穷，孩子不嫌弃母亲相貌平凡。

【原话】

老鸡肥，老鸭香，老人会做工。

【英译】

Just as aged poultry is prized for its flavor, the seniors are valued for their refined skills and experience.

【解释】

将老年人比作肥美的老鸡和香味浓郁的老鸭，强调了老年人的价值和重要性。提醒我们不要忽视老年人的贡献和智慧，应该尊重并善用他们的经验，以促进社会的发展和进步。

【原话】

老猫不叫不得食，鸭子不嚷不得饱。

【英译】

A cat that doesn't meow may go hungry and a duck that doesn't quack might not be fed enough.

【解释】

老猫不叫没有吃的，鸭子不闹吃不饱。同"爱哭的孩子有奶吃"的意思。

【原话】

马要鞍装，人要衣装。

【英译】

Just as a horse needs a saddle, clothes make the man.

【解释】

就像马需要鞍子一样，人们需要适当的服装来展现自己的形象和品位。它强调了外表形象在社交和人际交往中的重要性，暗示了人们应该注重外表形象以展现自己的自信和魅力。

【原话】

门头①生相向，新妇拾婆样。

【英译】

Daughters-in-law mirror the behavior of their mothers-in-law.

【注释】

①门头：门口，指门口朝向。旧时建房讲究朝向，后建的房子一般都依照前面的房子朝向来盖房。

【解释】

就像房屋的朝向一样，新建的房屋通常会按照前面的房屋的朝向来修建，婆婆的行为举止会影响到媳妇的行为和态度。

【原话】

恼生不恼死。

【英译】

Animosity fades with death.

【解释】

尽管与某人生前有矛盾，不相往来，但是随着他去世了，矛盾也化解了。

【原话】

年冬①好不怕鸡吃谷。

【英译】

With a bountiful harvest, feeding poultry is no concern.

【注释】

①年冬：指一年的收成。

【解释】

收成好，鸡多吃点也无所谓。形容物质条件丰裕，不愁吃穿。

【原话】

千斤力不比四两命。

【英译】

Fortune outweighs physical strength.

【解释】

过去，农村人算命按生日的时辰测算，"称"出人的命有多"重"，认为"四两命"是"好命"。而那些纵有"千斤力"的人，即使终年汗流浃背地干活，其生活质量也赶不上"四两命"的人。这是一种迷信说法。

【原话】

三个妇姆发一市。

【英译】

Three women together can rival the bustle of a market.

【解释】

形容妇女爱说话，几个妇女在一起就像集市一样吵闹。

【原话】

少吃多香，多吃耽工。

【英译】

Eating less enhances flavor, while overeating hampers productivity.

【解释】

少吃滋味多，吃得太饱还耽误干活。

【原话】

四十一二，不见针鼻。

【英译】

In general, people over 41 or 42 years old tend to be farsighted and find it difficult to thread a needle.

【解释】

指年过 42 岁后常常老花眼，看不见穿针眼。这是民间经验之谈。

【原话】

物吃人饱，衣穿人巧。

【英译】

Food satisfies hunger, while clothing enhances appearance.

【解释】

食物可以果腹，衣服使人漂亮。形容各有各的用处。

【原话】

新妇原是婆做过。

【英译】

Every mother-in-law was once a daughter-in-law.

【解释】

婆婆也是从媳妇当起，说明这些事本人经历过，强调过来人的身份。

【原话】

夏穿白，身不热；冬穿黑，身不抖。

【英译】

Wearing white keeps one cool in summer, while black keeps one warm in winter.

【解释】

夏天穿浅色衣服，像白色、灰色、浅蓝、淡黄等，这些颜色能把大量的光线和辐射热反射掉，使人感到凉爽；冬季穿黑色和深蓝色的衣服最好，它们能够大量地吸收光和辐射热，人自然就感到暖和了。这是老百姓总结出来的穿衣法则。

【原话】

小仔爱新衫，老人爱猪脚。

【英译】

Little kids delight in new clothing, whereas the elderly favor the taste of stewed pig's feet.

【解释】

小孩喜欢穿新衣服，老人喜欢吃炖猪脚，形容各有所好。

【原话】

兄弟打架因听老婆，婶嫂相骂邻舍撺唆。

【英译】

Brothers clash over their wives' words, while sister-in-laws quarrel due to neighbors' incitements.

【解释】

兄弟之间的争吵源于他们听从了自己妻子的话，而婶嫂之间的争吵则是由于邻居的煽动和激化。它反映了在家庭关系中，外部因素对于争吵和冲突的影响，同时也暗示了人际关系的复杂性和脆弱性。

【原话】

一代亲，二代表，三代忘了了。

【英译】

Kinship fades from one generation to the next.

【解释】

亲戚关系三代后就很疏远了。

【原话】

做①吃②做吃，做做吃吃。

【英译】

Life revolves around working and eating.

【注释】

①做：劳动。

②做吃：就是生活的意思。

【解释】

形容人的一生就是不断劳动、吃饭的过程。农村人对淳朴生活的理解。

十、邻里乡亲

这部分谚语和俗语突出了社区和邻里之间和谐相处的重要性，以及这种关系在提供情感支持、物质帮助和增强社区凝聚力方面的作用，是海南人民深厚的社区意识和互助精神的生动反映。

【原话】

邻居好，胜过金与宝。

【英译】

Good neighbors are more valuable than gold and treasure.

【解释】

强调了良好邻里关系的重要性，认为近邻的支持比物质财富更有价值。

【原话】

远亲不比近邻。

【英译】

A distant relative is no match for a nearby friend.

【解释】

突出了与邻居之间的支持关系比远方的家族成员更为实际和重要，倡导建立强大的社区联系和相互帮助。

第七章

人性弱点

一、贪婪自私

这部分谚语和俗语不仅展现了贪婪、自私等人性的负面方面，同时也通过这些生动的例证，教导人们如何认识并克服这些弱点，以达到更和谐的社会关系和个人道德修养。

【原话】
百钱①打九②拳不落。
【英译】
Clinging to a penny despite numerous blows.
【注释】
①百钱：一分钱。
②九：泛指数目多。
【解释】
一个人手里紧握着一分钱，即使遭到多次重击，也绝不松手放弃那一分钱。形容对钱财的极端执着，甚至在面对威胁和困境时也不肯放手。

【原话】
财动人心。
【英译】
Wealth tempts the heart.

【解释】

指出金钱的诱惑力量大，能够激起人的贪欲，甚至引导人做出不道德或非法的行为，强调了金钱对人性的考验。

【原话】

苍蝇飞过掐只脚，五神六煞①见都怕。

【英译】

So greedy he'd snatch a leg from a passing fly, feared by all.

【注释】

①五神六煞：原指鬼怪，代指形形色色的人。

【解释】

指一个人极度贪婪、爱占便宜的性格，甚至连飞过的苍蝇也不放过。表现出其贪得无厌的本性。这种人因其过度的贪婪和无所不占的行为，令人望而生畏，避之唯恐不及。

【原话】

吃饱不见裤笮①。

【英译】

So full that one's belt disappears under his belly.

【注释】

①裤笮：旧时以绳系裤，后发展为当今的皮带。

【解释】

吃得太饱，以致肚皮过度撑大，掩盖了皮带。形容因过度舒适和满足而失去动力和冒险精神的状态，强调安逸生活可能导致的消极后果。

【原话】

吃人美酒心头甜，接人钱财手头软。

【英译】

Sweet wine and gifts soften the heart and weaken the resolve.

【解释】

拿了别人的好处，就会刻意礼让三分。指接受他人礼物或好处后，可能会因此而变得对该人有所偏袒，暗示了物质利益可能对人的判断和行为产生影响。

【原话】

吃人乜①，败咱肚。

【英译】

Suffering from others' generosity.

【注释】

①乜：东西。

【解释】

指吃别人的东西吃坏肚子，描述接受他人恩惠或物品可能带来的不利后果，比喻在某些情况下接受他人帮助或利益可能会产生负面影响或结果。

【原话】

吃无棺材吃无墓。

【英译】

Squandering wealth to the point of destitution.

【解释】

指胡吃海喝的人吃到连买棺材、建坟墓的钱也没有。形容挥霍无度的人，结果导致贫穷，连基本的丧葬费用也无法承担，批评无节制消费的后果。

【原话】

吃醉吃忘，不顾身不顾家。

【英译】

Drunkenness leads to forgetfulness and negligence.

【解释】

指酗酒后的人忘却一切，包括对个人和家庭的责任，用来批评过度饮酒带来的负面影响。

【原话】

带两串芭蕉①。

【英译】

Visiting friends without any gifts.

【注释】

①两串芭蕉：比喻双手十指。

【解释】

两手空空去探亲访友，常用来讽刺一些不懂人情世故的人。

【原话】

赌钱桌上无父子。

【英译】

There is no father and son on the gambling table.

【解释】

指赌场上即便是亲属关系也被忽略，只关注输赢，用来强调赌场上人与人之间感情的冷漠和无情。

【原话】

肚饱目不直。

【英译】

The eye is bigger than the belly.

【注释】

①目不直：形容东张西望。

【解释】

形容人们常常因为贪婪而吃得过多，尽管已经吃饱，但仍想继续吃。比喻贪婪或欲望超出实际需要。

【原话】

肥水不流过人田。

【英译】

Hoarding the good for oneself.

【解释】

人们倾向于将好处留给自己，不让它流向他人。比喻自私自利，不愿分享利益。

【原话】

父子驶船争水路。

【英译】

Father and son vie for the waterway.

【解释】

父子驾驶不同的船也有争夺航道的时候。形容即使是亲如父子的关系，也可能因为商业竞争或利益冲突而产生争执，强调了利益纠纷对人际关系的影响。

【原话】

和尚见钱目都开。

【英译】

Monks' eyes gleam at the sight of money.

【解释】

和尚靠化缘过日子，平时闭着眼睛念经敲木鱼，看到有人捐香火钱就睁开眼。形容即便是出家人，面对金钱也难以保持冷漠，用以指出即使是应该远离世俗欲望的人也难以抗拒金钱的诱惑。

【原话】

寄话多，寄禀①少。

【英译】

Messages sent will become more while presents sent will become less.

【注释】

①禀：赠送的食物。

【解释】

替人捎口信会不知不觉地添加一些话，但是捎带食品或礼品就会顺走一些。描述人们在传递消息时趋于增加内容，而在送礼时则有所减少，暗示了人们在利益上的小心眼和在言辞上的慷慨。常用来讽刺顺手牵羊的人。

【原话】

夹肉择大块，骂人择毒话。

【英译】

Picking the biggest piece of meat at dinner and uttering the harshest words in curse.

【解释】

吃饭的时候挑大块的肉，吵架的时候说最恶毒的话。形容人在利益上追求最大化，在冲突中选择最伤人的言语，揭示了自私和攻击性的行为模式。

【原话】

假装瞎眼夹鸡肝。

【英译】

One pretends to accidentally pick up a chicken liver.

【解释】

旧时鸡肝被泛指美味。假装无意中夹到好吃的鸡肝，形容描述人故意装作不注意而偷偷夹取最珍贵的食物，比喻贪婪而狡猾地追求个人利益。

【原话】

脚不沾水，欲要三①份鱼。

【英译】

Wishing for a bounty without wading in.

【注释】

①三：代指多。

【解释】

都没下水抓鱼，却想获得很多鱼。形容人期望获得大量回报而不愿意付出努力或承担风险，批评了不劳而获的心态。

【原话】

借牛重拖，借马重骑。

【英译】

Heavy use of borrowed animals.

【解释】

指借来的牛马使劲用，一点儿都不爱惜。形容借用他人物品时不加以爱惜，过度使用，反映了不尊重他人财产的自私行为。

【原话】

破命①吃鲑鱼②。

【英译】

Risking one's life for a taste of salmon.

【注释】

①破命：冒着生命危险。

②鲑鱼：以肉质鲜美而著称于世，不过鲑鱼身上寄生虫较多，容易使人腹

泻和腹痛。

【解释】

吃鲢鱼是一种享受，但它有可能带来健康风险，因为鲢鱼身上寄生虫较多，容易导致腹泻和腹痛。这句话强调了人们为了追求某种目标或满足某种欲望时，有时会冒着生命危险，不顾自身安全。

【原话】

钱跟命平长。

【英译】

Money is as precious as life to him.

【解释】

指某人将金钱视为生命一般重要，此俗语反映了一种对金钱的极端看法，可能源于对财富的追求或对生活安全的担忧。

【原话】

钱棺材。

【英译】

He who is reluctant to spend money ends up saving money in the coffin.

【解释】

不舍得花钱，最终将钱留到棺材里。形容极度吝啬的人，宁愿将钱财留到死后也不愿意生前使用，暗示了过分积攒财富的无益。

【原话】

山薯不吃凿烂烂。

【英译】

Destroying yams to deny others the benefit.

【解释】

原意为山薯长在地里很难挖出来，干脆捣烂它，不让别人捡便宜。形容因无法获得某物而故意破坏，以防他人得益，反映了一种破坏性的嫉妒心理。

【原话】

师父公①开大数②。

【英译】

The master inflates his demands.

【注释】

①师父公：做法事、祈福消灾的道士。

②开大数：开大价钱。

【解释】

帮人做法事的道士要求主人准备的金钱、财物的数额都多于实际所需。形容某人在提供服务或商品时故意提高要价，期望从中获得更多利益，暗示了过度的贪婪或索取无度的行为。

【原话】

糖水谁都渴。

【英译】

Everyone craves sweetness.

【注释】

①渴：口渴。形容人见到糖水就说口渴想喝水。

【解释】

糖水谁都想喝。形容人见到好处都想要，体现了人们的贪婪之心。

【原话】

兄弟愿兄弟穷，妯娌想妯娌无裙穿。

【英译】

Siblings secretly wish poverty upon each other.

【解释】

兄弟希望自家的兄弟穷，妯娌希望对方没有裙子穿。这句俗语揭露人性自私、攀比的想法。当兄弟变得富有，自己家还穷困的时候，就会分外眼红，产生嫉妒之心，从而希望他变得贫穷，暴露了人性中的自私和嫉妒成分。

【原话】

要钱不要命。

【英译】

Chasing wealth at the expense of life.

【解释】

形容人冒着极大的生命危险追求财富，强调了对金钱的极端追求可能导致的危险后果。

【原话】

要盐给人吃都不渴。

【英译】

So stingy, his salt wouldn't make you thirsty.

【解释】

盐吃多了会口渴，但他舍不得多给别人，拿盐给人吃都不会渴。形容一个人非常小气和吝啬。

【原话】

一分钱大过簸箕。

【英译】

Valuing a penny more than a large sieve.

【解释】

把一分钱硬币看得比簸箕还大，比喻过于计较，特别吝啬。簸箕在农村是常见的圆形竹制用具，直径可达一米，用于去米扬糠。

【原话】

鱼贪食上钩，人贪财招祸。

【英译】

Gluttony hooks the fish; greed ensnares the man.

【解释】

贪吃的鱼很容易上钩，人一旦贪图眼前的小利就会招来祸端。用鱼上钩的比喻来警示人们，贪婪往往会导致长期的不幸或陷入困境，强调了贪欲的负面后果。

【原话】

占恭房①不放屎。

【英译】

Hogging the latrine without using it.

【注释】

①恭房：厕所。

【解释】

比喻占着位置不干活，通过形象比喻批评那些占据资源或位置但不加以利用的人。

【原话】

罩鸡生蛋。

【英译】

Hatching others' eggs for personal gain.

【解释】

农家常常将鸡放养，有些人会偷偷把别人的鸡关起来，等鸡生蛋后再把鸡放走，只留下鸡蛋。形容将他人的资源或劳动成果为己所用，暗示通过狡猾手段获利的不正当行为。

【原话】

罩瘦鸡找肥鸡。

【英译】

Courting a better option while keeping a fallback.

【解释】

指用鸡笼罩着一只瘦的鸡，同时寻找另一只肥鸡来替代。比喻交往、谈恋爱时三心二意，脚踏两只船，随时准备找下一个。

【原话】

做工不用心，领钱目金金。

【英译】

He is careless of work, but eager to get pay at payday.

【解释】

有些人在工作时懒散不尽心尽力，但一到领工资的时候却显得精力充沛。此俗语揭示了对金钱的贪婪和不劳而获的心态。

二、阴险狡诈

这部分谚语和俗语通过生动的比喻和形象的描述，揭示了人性中的阴险和狡诈，并呼吁人们警惕和抵制这种行为，推动构建更加和谐的社会关系。

【原话】

臭过生蛇死蛤①。

【英译】

Fouler than a live snake or a dead frog.

【注释】

①蛤：青蛙。

【解释】

生蛇有一股很浓的腥臭味，比生蛇和死青蛙都臭，形容实在太臭。

【原话】

粗心毒肠不疼人。

【英译】

Too wicked to have mercy on someone.

【解释】

形容某人缺乏同情心和体恤他人的能力，内心冷漠且残忍，不关心他人的感受或痛苦。

【原话】

歹眼眶①，歹脚手②。

【英译】

Shady appearance, questionable intentions.

【注释】

①歹眼眶：贼眉鼠眼。

②歹脚手：比喻小偷。

【解释】

描述人外貌和行为给人一种不可信任，有潜在恶意的印象，暗示此人可能有不良动机或行为。

【原话】

带相公①落河。

【英译】

Misleading the respectable into peril.

【注释】

①相公：海南话中对有身份、地位的人的称呼。

【解释】

有意引导地位较高或受人尊敬的人走向不良道路，指暗算或设陷阱。

【原话】

当面是人，背后是鬼。

【英译】

A saint in sight, a ghost in absence.

【解释】

某人表面上和善可亲，私下却行事狡猾、不择手段。比喻当面一套，背后一套，耍阴谋诡计的两面派人物。

【原话】

肚里虫多。

【英译】

Harboring numerous schemes.

【解释】

这里不是指肚子里长蛔虫，而是比喻某人心思深沉，诡计多端，同"一肚子坏水"的意思。

【原话】

放屎去人拂①。

【英译】

Leaving others to clean up the mess.

【注释】

①拂：收拾。

【解释】

指某人制造问题或混乱后，让他人负责解决和收拾残局。

【原话】

好事不做，坏事做绝。

【英译】

Engaging solely in malfeasance.

【解释】

形容某人从不做好事，专做坏事。

【原话】

假走神①，攫光银②。

【英译】

Pretend to be mad while picking up a silver coin.

【注释】

①走神：神经病。

②光银：银圆，民国时期的主要流通货币。

【解释】

某人假装疯狂或不理智以掩盖自己的真实意图，目的是获取利益。

【原话】

摸肚腩想窍①。

【英译】

Scheming while idly rubbing the belly.

【注释】

①窍：阴谋诡计。

【解释】

摸着肚腩，打坏主意。形容不想劳动，净想歪门邪道欺诈别人钱财。

【原话】

用时成宝，弃时成草。

【英译】

Treasured when needed，discarded when not.

【解释】

形容用得着别人时才把别人当宝贝，用不着时就一脚踢开。告诫人们不要等用得着别人时才当别人宝贝，平时也要有足够的重视。与"兔死狗烹"意思相近。

【原话】

诱人上树搬梯走。

【英译】

Lure someone to climb up the tree and remove the ladder.

【解释】

诱使别人上树后将梯子搬走，使别人陷入困境，形容骗人上当。

【原话】

嘴上讲话，脚姆头钳西瓜。

【英译】

He pretends to make a speech but secretly grips a watermelon with his feet.

【解释】

嘴上在说话，脚趾头却在夹西瓜。即"说的是一套，做的是一套"，形容另有企图。

【原话】

嘴甜舌滑心肝黑。

【英译】

Bees that have honey in their mouths have stings in their tails.

【解释】

形容一个人表面上说话甜美、言辞圆滑，但内心却怀有恶意和阴谋。

【原话】

嘴甜甜，心勾勾①。

【英译】

Bees that have honey in their mouths have stings in their tails.

【注释】

①勾勾：勾当，即打主意。

【解释】

指一个人很会说漂亮话，但是心里却打坏主意，同"口蜜腹剑"的意思。

【原话】

作水蛭听水响。

【英译】

Like a leech, alert to opportunities.

【解释】

水蛭听到水响就马上游过来吸人血。形容伺机干坏事，含有贬义。

三、凶狠霸道

这部分谚语和俗语通过生动的比喻和形象的描述展示了人性中的凶狠霸道，不仅揭露了人性中的暴戾之气，也是对那些凶狠霸道行为的批判和警示，反映出社会对和谐、文明行为的向往和追求。

【原话】

乘风拆篱①。

【英译】

Seizing the moment to undermine.

【注释】

①篱：篱笆，这里指围墙。

【解释】

借刮风的时候拆除他人的围墙。引申为浑水摸鱼，做损人利己的事。

【原话】

吃得生人肝、死人胆。

【英译】

Bold enough to devour the heart and gall.

【解释】

敢吃活人的肝脏和死人的胆，形容极端残忍和胆大包天，不惜采取任何手段达到目的，暗示了极端的无情和大胆。

【原话】

打到牛轭①直。

【英译】

Beating relentlessly until the unyielding yields.

【注释】

①轭：牛耕地或拉车时套在牛脖子上的弓形曲木，不易变形。

【解释】

把结实弓形的牛轭打成直木，形容对某人或某事施加极端的压力或力量，直至原本坚不可摧的东西屈服或改变。

【原话】

大村小仔小村狗。

【英译】

Kids in a big village tend to be bold and rough while dogs in a small village tend to bark at strangers crazily.

【解释】

大村里的小孩调皮胆大，小村里的狗凶狠猛烈。这是因为大村人多势众，小孩借着村势大胆惹事；小村人少，狗几乎没见过陌生人，一旦有陌生人进村，就会激起狗的领地意识和敌意，表现出凶狠的本能。反映了人或动物因环境不同而表现出的不同特质。

【原话】

鬼怕恶人。

【英译】

Even demons fear villains.

【解释】

性格凶恶、阴险的人不仅让人感到害怕，甚至连鬼怪也会害怕他。这句话强调了恶人的邪恶和恐怖程度，暗示了他们的性格对周围环境的负面影响。

【原话】

静过水无鱼。

【英译】

So silent as if the waters held no fish.

【解释】

安静得好似水中没鱼那样，常用来形容在高压下没人敢吭声。

【原话】

路上打散油，发恼市上人。

【英译】

Spilling oil on the road and blaming the people in marketplace.

【解释】

在路上打破油瓶，埋怨市集上的人。形容无端指责、怪罪他人。

【原话】

性①臭过死蛇。

【英译】

More repellent in character than a decaying snake.

【注释】

①性：性格、脾气。

【解释】

某人的性格或脾气非常恶劣，让人感到十分厌恶。比喻某人的性格像是腐烂的蛇一样，令人难以忍受。

四、高傲自大

这部分谚语和俗语通过直接和比喻的方式展现了人性中高傲自负的特点，不仅揭示了高傲自大的不良心态和行为，同时也是对这种性格的批评和警示，反映了社会对谦逊、自省的人格特质的推崇和期待。

【原话】

俺丑俺不见，人丑俺纳腻①。

【英译】

We often overlook our flaws while magnifying others'.

【注释】

①纳腻：心里纠结、郁闷。

【解释】

自己丑自己看不见，但是看不惯别人的丑。引申为发现他人的缺点容易，而发现自身缺点比较困难，缺乏自知之明。

【原话】

不学行，欲学飞。

【英译】

Attempting to soar before learning to walk.

【解释】

还没有学会行走，就想飞行。形容人不自量力，急于求成，想一蹴而就。

【原话】

犁头大过犁壁。

【英译】

The plowshare is bigger than plough moldboard.

【解释】

如果犁头比犁壁大就无法正常耕地。引申为小辈的言行傲慢，不尊敬长辈。

【原话】

牛不知角弯，马不知脸长。

【英译】

People often fail to see their own flaws.

【解释】

有些人往往对自己的缺点视而不见，而专注于指出他人的错误或缺陷。此俗语提醒人们要审视自己，诚实面对自己的缺点和错误，而不是过于执着于指责他人。

【原话】

上床拾被。

【英译】

Taking what's not rightfully yours as if it were.

【解释】

指爬上别人的床捡被子，把它当成自己的了，引申为厚颜无耻地掠夺他人的东西。

【原话】

有嘴讲人，没嘴讲自己。

【英译】

Quick to critique others, yet silent on one's own flaws.

【解释】

有些人很容易批评他人，但却对自己的缺点视而不见。此俗语指出了一种双重标准和自我膨胀的现象，暗示了那些只会指责他人而不肯反思自己的人的狭隘和自私。

五、好吃懒做

这部分谚语和俗语生动形象地描绘了好吃懒做的生活现象，也批评了这种生活态度的不可取，鼓励人们勤劳工作，自食其力。通过这些生动的描述和比喻，传达了勤劳节俭的传统美德和对懒惰行为的警醒。

【原话】

吃不知米贱贵。

【英译】

Unaware of the cost of living, indulging without concern.

【解释】

只知道挑好吃的吃，不知道日常花销昂贵，常用来批评不懂生活艰难的人。

【原话】

吃得不做得，宁愿上树讨尾摇①。

【英译】

A lazy sheep thinks its wool heavy.

【注释】

①上树讨尾摇：指像猴子一样爬树，摇尾巴。

【解释】

指如果光吃饭不干活，不如爬到树上当猴子好了。常用于批评好吃懒做的人。

【原话】

吃如鬼剥壁，做如鬼欲捉。

【英译】

He devours food as a monster, but is lazy in work as he is haunted by ghosts.

【解释】

吃东西像鬼拆烂屏风那么猛，干活却像担心鬼要来抓他一样，无法专心做事。引申为好吃懒做，好逸恶劳。

【原话】

饭箸①吃大，碗吃小。

【英译】

One is lazy to do dishes after meals so much so that the chopsticks get dirtier and bigger and the bowls get smaller.

【注释】

①饭箸：筷子。

【解释】

懒人吃饭不洗碗筷，反复使用脏碗和脏筷吃饭，以致筷子越来越粗，碗的容量越来越小。用来批评好逸恶劳的现象。

【原话】

叫做不知，叫吃耳利。

【英译】

He turns a deaf ear to work but hurries to come the moment he hears there is something to eat.

【解释】

当喊干活时，假装听不到；一听有吃的赶紧跑过来。常用来形容好吃懒做的人。

【原话】

懒人多屎尿。

【英译】

A lazy sheep thinks its wool heavy.

【解释】

懒惰的人总是能够找到各种借口来逃避工作和责任。比喻那些懒惰的人倾向于找各种理由来解释自己的不作为，不愿承担起应有的责任。

【原话】

力吃懒做。

【英译】

One is lazy in work but active in eating.

【解释】

某人在吃喝方面表现出极大的热情和活力，但在工作和劳动方面却表现得极为懒惰和不积极。此俗语指出了某些人在生活中可能会过分追求享受和享乐，而忽视了工作和责任。

【原话】

屁股长。

【英译】

Fond of sitting idle and chattering away.

【解释】

某人不仅懒惰，还喜欢无休止地闲聊，花费大量时间在无关紧要的事情上，而忽视了更有意义和重要的工作或活动。它形象地比喻了那些喜欢闲聊、无所事事的人，暗示了他们的懒惰和不负责任的态度。

【原话】

人种芋①俺穿袍②，人吃芋俺涎③流。

【英译】

Others sow taro while I am wandering; but when they enjoy the taro, my mouth is watering.

【注释】

①芋：芋头。

②袍：长袍。

③涎：口水。

【解释】

当别人辛勤劳作时，自己却游荡闲逛；而当别人享受劳动成果时，自己却只能垂涎欲滴。此俗语提醒人们要珍惜时间和机会，勤奋努力，才能享受到劳动的成果，而不是只会嫉妒和垂涎别人的收获。

【原话】

睡到日头晒尻脽。

【英译】

Sleep in till the sun comes up.

【解释】

指极端懒惰的生活习惯，就是一直睡到太阳升起都不愿意起床。此俗语形象地描述了那些懒惰的人不愿意早起努力工作的态度，暗示了他们的不负责任和消极的生活态度。

【原话】

一日东，一日西，光吃饱饭不做工。

【英译】

Aimlessly drifting, only keen on filling the belly without lifting a finger.

【解释】

指一种缺乏目标和动力的状态，只注重满足基本的生存需要，而对于付出努力去工作或实现任何目标都没有兴趣。描述了一种无所事事、无所追求的生活态度。

【原话】

竹筒脚，葫芦肚，力吃懒做惹人恼。

【英译】

With long legs but big belly, one is eager to eat a lot but lazy in work, who becomes everyone's annoyance.

【解释】

脚像竹筒一样细长，但是肚子像葫芦那么大，形容好吃懒做的人遭人厌。

【原话】

浊水洗洁脚，清水无人担。

【英译】

With no one willing to fetch clean water, people end up washing their feet in muddy water.

【解释】

指因懒惰不愿意去挑清水，结果只能用脏水洗净脚。形容由于过于懒惰，以至于现状变得更差。

【原话】

做不定吃定。

【英译】

Idle at work but never missing a meal.

【解释】

指某人不能按时完成交代的工作，但在饮食或享受方面却总是按时到位。常用来形容好吃懒做的人。

六、无知无能

这部分谚语和俗语揭示了某些人对知识和技能缺乏了解和掌握，以及因缺乏自知之明而导致的各种行为和态度。通过这些谚语和俗语，传递了海南文化对无知无能态度的批评，强调了知识和技能学习的重要性，以及自知之明在个人成长和社会交往中的价值。同时，也反映了社会对于自我提升和努力向上的期望和鼓励。

【原话】

矮人看戏何曾见，都是随人说长短。

【英译】

Short folks can't see the play and merely echo others' opinions.

【解释】

指由于个子矮，看不到戏，只能听别人讲剧情，人云亦云。形容见识少，没有主见，拾人牙慧。

【原话】

不会游泳，怨草缠脚。

【英译】

Blaming external factors for one's own shortcomings.

【解释】

指人在面对自己的不足或失败时，不是反思自身，而是寻找外界因素作为借口，从而逃避承担责任。

【原话】

不识字人领学教。

【英译】

An illiterate attempts to teach.

【解释】

文盲去承担教学工作。比喻某人在自己完全不擅长或不理解的领域中尝试担当重要角色，显示了过分自信或不切实际的野心。

【原话】

瞎眼不怕虎。

【英译】

The ignorant is fearless.

【解释】

盲人不怕老虎。形容人因不了解真相或缺乏经验而表现得过于勇敢或鲁莽。

【原话】

担糠①重，担米重，担对灯笼又飞风。

【英译】

One is so weak that he can hardly carry anything, light or heavy.

【注释】

①糠：碾碎成粉状的稻谷外壳。

【解释】

挑糠挑米都挑不动，就连挑一对灯笼也好像要被风刮走一样。形容瘦弱无力的人，干什么都不行。

【原话】

担盐都生虫。

【英译】

He can never be counted on because worms would come out of the salt he carries.

【解释】

某人做事的方式极为不利或效率低下，以至于即使是不容易变质的物品，如盐，在他的管理下也会出现问题。引申为成事不足，败事有余。

【原话】

多见树叶，少见人烟。

【英译】

A place more acquainted with leaves than human presence.

【解释】

指某个地方非常安静、自然，很少有人类的存在。它形象地比喻了那些远离人群、富有自然景观的地方，暗示了这些地方的幽静和清净。也可能用来形容某些偏远的、少有人烟的地区，强调了自然环境的原始和宁静。

【原话】

戽水①下船。

【英译】

Pouring water into the boat rather than out.

【注释】

①戽水：舀水。

【解释】

恶意地把水舀进船内，使船下沉。此俗语形容某些内部的人蓄意搞破坏，损害大家的利益。

【原话】

见人放屁，尻脽也痒。

【英译】

Upon seeing others doing something, one keeps following suit.

【解释】

指看见别人干什么事，自己也想干。常用于讽刺没有主见，容易受人影响，盲目跟从的人。

【原话】

讲话不脱壳。

【英译】

Speaking bluntly, without sugarcoating.

【解释】

指说话条理不清、词不达意、不得体等，因而容易令人讨厌。

【原话】

尻脽①夹屎不知臭。

【英译】

One can't smell shit in his ass.

【注释】

①尻脽：人或动物的臀部。

【解释】

指自己屁股夹屎闻不到，形容觉察不到自身的缺点。

【原话】

全身刀子无一把利。

【英译】

Jack of all trades, master of none.

【解释】

指一个人涉猎广泛但没有一项专长，形容一个人在任何领域都未能达到专业水平。

【原话】

瘦狗攀高架。

【英译】

A skinny dog dreams of lofty heights.

【解释】

瘦狗也想高攀，形容一个人不自量力，追求过高或不切实际的目标。

【原话】

睡在戏台脚，不知锣鼓响。

【英译】

He who sleeps at the foot of the stage is unaware of the drumbeats.

【解释】

指睡在戏台底下，锣鼓喧天，他却一无所知。形容缺乏觉察力或者对周围环境漠不关心，错过了重要信息或机会。提醒人们要保持警觉和对周围事物的敏感度，以免错失重要时机或信息。

【原话】

啼面①做旦脚②。

【英译】

Desperately vying for the lead role without dignity.

【注释】

①啼面：哭哭啼啼。

②旦脚：琼剧女主角。

【解释】

哭闹、耍赖要演琼剧旦角。形容不顾自身形象，不择手段地争取自己并不适合的重要位置或角色。

【原话】

文不成文，武不成武。

【英译】

Neither scholarly nor martial arts are mastered.

【解释】

指一个人既不擅长文学，也不精通武术，因此在文学和武术方面都没有突出的表现或成就。这样的人可能在各个方面都显得平庸，缺乏特长或专长。

【原话】

有贼心无贼胆。

【英译】

Harbor ill intentions without the courage to act.

【解释】

指有做坏事的想法，但没有这个胆量，形容人心怀不轨却胆小怕事。

【原话】

只知吃与放，睡与梦。

【英译】

He is good-for-nothing.

【解释】

指一个对生活无所追求、缺乏目标和动力的人。他只关心吃饭、休息和做梦，缺乏追求和实践的行动。这种人被形容为"无所作为"，因为他们没有积极的生活态度，没有目标或愿景去追求，仅限于满足基本的生理需求而已。

七、愚笨糊涂

这部分谚语和俗语揭示了一些因缺乏智慧、经验或判断力而导致的各种行为和结果。通过这些谚语和俗语，海南文化传递了对愚笨糊涂行为的批评，强调了智慧、经验和自知之明在日常生活中的重要性。同时，也反映了社会对于个人成长、学习和自我提升的期望和鼓励。

【原话】

簸箕①装饭婆欲骂，簸箕装粪婆也骂。

【英译】

Misuse of tools leads to criticism regardless of intent.

【注释】

①簸箕：筛米扬糠的竹编器具。

【解释】

新媳妇不熟悉家务活，拿筛米扬糠的簸箕来盛饭，被婆婆批评；又拿簸箕来装农家肥，同样被婆婆批评。常引申为业务水平低的人总是在工作中犯下不可理喻的各种低级错误，被主管领导批评。

【原话】

不识字人如鸡鸭，吃到饱担到重。

【英译】

Illiteracy leads to a life of blind labor.

【解释】

指文盲如家禽一般，吃饱了就盲目干活。形容文盲的生活状态，只知盲目劳作而无法进行深入思考或规划，强调文化教育对提升个人生活质量的重要性。

【原话】

不知死是乜做。

【英译】

He recklessly disregards the risks of his actions.

【解释】

形容某人行事鲁莽，完全不考虑可能的严重后果，反映了其过度自信或无知的性格特点。

【原话】

船在水中不知流，人在福中不知福。

【英译】

A man does not realize the flow of the boat on a river, nor does he, growing up in happiness, appreciate what happiness really means.

【解释】

船在河中时人感觉不到水的流动，如同身在福中难以察觉。比喻人在顺境中往往感受不到幸福的真正价值，强调珍惜眼前福分的重要性。

【原话】

放屎吓猪姆，猪姆连你尻脽都吃了。

【英译】

A sow will bite your butt if you shit to intimidate it.

【解释】

以前农村养猪都是放养，猪有吃粪便的习惯。倘若以拉屎的方法来恐吓母猪，可能被母猪咬伤屁股。比喻做事方法不妥当，反而害了自己。

【原话】

讲话如狗咬虱。

【英译】

He gets tongue-tied like a dog biting lice.

【解释】

虱子太小且会跑，狗想咬也无从下嘴。形容人讲话不连贯，或条理不清。

【原话】

叫番薯①作伯爹。

【英译】

Ridiculously addressing a sweet potato as "uncle".

【注释】

①番薯：又名地瓜，在海南话中常常是"笨蛋"的代名词。

【解释】

把番薯称作伯伯，即把笨蛋当成可以依靠的亲人。形容言语荒谬至极。

【原话】

叫贼看室。

【英译】

Assigning the thief to guard the house.

【解释】

请贼看家的意思，意同"引狼入室"。形容非常不明智的决定，意味着自我引入危险。

【原话】

近人行远路。

【英译】

Those closest take the longest route.

【解释】

离目的地近的人选择更远的路线。形容为先天条件好，却不会利用。

【原话】

哭不着墓。

【英译】

Mourning at the wrong grave.

【解释】

去拜祭逝者，却哭错了坟墓。形容糊里糊涂，对不上号。

【原话】

苦瓜削皮也骂，冬瓜留皮也骂。

【英译】

One is being criticized for either peeling the bitter gourd or keeping the skin of wax gourd.

【解释】

把可吃的苦瓜皮削掉挨骂，把不能吃冬瓜的皮留下来也挨骂。形容做事不当挨骂。

【原话】

摸头不着脚。

【英译】

Grasping the head but missing the feet.

【解释】

摸到头，就摸不到脚。指对情况的片面理解或无法完全控制的情形。

【原话】

牛舌伸不扐①，牛舌缩乃扐。

【英译】

Attempt to harness an ox's tongue only when it retracts, not when extended.

【注释】

①扮：拉。

【解释】

牛舌伸出的时候不拉，等到牛舌缩回去后才去拉。形容在不适当的时机采取行动，错过了最佳时机。

【原话】

派猫去守鱼。

【英译】

Assigning a cat to guard fish.

【解释】

猫喜欢吃鱼，竟然委派猫去看守鱼。形容委派不恰当的人去做事，能带来灾难或失败。

【原话】

跑掉的鱼大，死去的仔好。

【英译】

The escaped fish always seems larger, and the deceased child is always idealized.

【解释】

人往往认为跑掉的鱼更大，死去的孩子更好，即得不到的东西是最好的。指人们倾向于理想化，他们羡慕无法拥有或已失去的东西，却忽视了现有的价值。

【原话】

骑马带拄杖。

【英译】

Riding a horse while carrying a walking stick.

【解释】

骑马的同时还拄着拐杖。形容重复累赘，画蛇添足。

【原话】

请鬼看病。

【英译】

Inviting a ghost to cure your disease.

【解释】

请索命鬼来给自己看病。比喻寻求帮助于可能带来伤害的人或事，结果往往适得其反。

【原话】

认枚鬼做姑母。

【英译】

Declaring a ghost as one's aunt.

【解释】

认个恶鬼来做自己的姑姑。形容与潜在的危险或不良因素建立联系，可能导致不利后果。

【原话】

三尺六衫领。

【英译】

An exaggeratedly wide collar for a shirt.

【解释】

做上衣的时候，为了确保人能穿得进去，便夸张地把衣领做成三尺六寸宽。形容措施或言论大而不当，过于泛泛而不切实际，缺乏针对性。

【原话】

手里捏刀，求人给命。

【英译】

Holding a knife yet pleading for life.

【解释】

自己手里拿着刀，却求人饶命。形容自己有能力保护自己或反击，却表现得异常懦弱和依赖他人。

【原话】

听话不定，打死人命。

【英译】

Misunderstandings could lead to fatal outcomes.

【解释】

听话不清楚，甚至酿成人命。形容误解或沟通不当可能导致严重的后果。

【原话】

想条篾①，败条竹。

【英译】

Seeking a slice, spoiling a whole bamboo.

【注释】

①篾：竹片，用来编织竹器。

【解释】

只想修一条篾条，却浪费掉一根竹竿。形容为了一点小利益而损失更大的价值，警示小利忘大害的行为。

【原话】

有米①三三升，没米四处颠②。

【英译】

He burns a hole in pocket when he is rich, but borrows money everywhere when he is down and out.

【注释】

①米：大米，这里泛指粮食。

②颠：到处奔走。

【解释】

粮食多时随意挥霍浪费；没有粮食了，就到处奔走借吃的。形容大手大脚，花钱没计划，丰裕时大吃大喝，贫困如洗时就只能喝西北风。

【原话】

抓着黄牛当马骑。

【英译】

Mistaking a cow for a horse.

【解释】

黄牛毛色虽然似马，但不是马。有人抓到黄牛就当作马来骑，说明粗心大意，或在匆忙中出乱子。

【原话】

赚钱个①败钱千②。

【英译】

Penny wise and pound foolish.

【注释】

①钱个：个位数的钱，泛指小钱。

②钱千：千位数的钱，泛指大钱。

【解释】

形容辛辛苦苦挣钱，收入微薄，结果一亏损却损失巨大。比喻做事因小失大，得不偿失，最后吃亏的是自己。同"捡了芝麻丢了西瓜"的意思。

八、徒劳无用

这部分谚语和俗语反映出了一系列因方法不当、时机失误，或行为愚蠢而导致的无效努力和失败结果。这些谚语和俗语揭示了行为的无效性，强调在决策和行动中必须考虑时机、方法和实际情况的重要性，从而避免无谓的努力和失望的结果。

【原话】

船上老鼠走上舵。

【英译】

The rat on the rudder is no way out.

【解释】

船上老鼠跑到船舵上。形容身处绝境，无路可走。

【原话】

船驶出海补漏迟。

【英译】

It's too late to plug the leak when the boat is at sea.

【解释】

船已经行驶到海中才补漏就太晚了。比喻问题不及早解决，就来不及了。

【原话】

钝刀子割肉，半日不见血。

【英译】

A dull knife makes no cut.

【解释】

用不锋利的刀割肉，半天割不动。比喻工具老化，办事效率不高。

【原话】

脚肚子大过脚腿。

【英译】

The calves surpass the thighs in strength.

【解释】

人的小腿比大腿还大，形容下级不服从上级领导，导致指挥失效。

【原话】

老鼠生子替猫生。

【英译】

Rats breeding is a boon for cats.

【解释】

猫是吃老鼠的，老鼠生仔只是为猫效劳。形容无意中自己的行为结果，反而造福了他人。

【原话】

满天星捉不着粒。

【英译】

Untouchable as the stars in the sky.

【解释】

满天都是星星，却摘不到一颗。形容虽有众多可能或机会，却无法实际

285

把握。

【原话】

牛头不搭马嘴。

【英译】

A cow's head and a horse's mouth don't align.

【解释】

指搭配不当。形容事物不相匹配，或言行不一，缺乏逻辑性。

【原话】

三十夜晖①簏鸡②不肥。

【英译】

Fattening chickens on New Year's Eve is too late.

【注释】

①三十夜晖：大年三十晚上。

②簏鸡：将鸡笼养催肥。

【解释】

农村大年三十晚上都要杀鸡过年，这时候才催肥肯定来不及。同"临时抱佛脚"的意思。

【原话】

食败米仁。

【英译】

It is a waste of food.

【解释】

白白浪费粮食，吃了也是白吃。引申为酒囊饭袋式的人。

【原话】

十人十样心，无钱买灯芯。

【英译】

Nothing can be achieved without unity.

【解释】

指不团结、不同心，什么事都办不成。形容团结一致的重要性，缺乏合作则连简单的事都难以完成。

【原话】

试时响，吹不响。

【英译】

A whistle fails when it matters most.

【解释】

哨子试吹的时候是响的，但是到真正用的时候却吹不响了。形容事物在关键时刻未能发挥作用，或在重要时刻未能展现能力。

【原话】

树怕空心，人怕无心。

【英译】

As tree fears hollowness, a person fears lack of purpose.

【解释】

如果树心已经空了，那就很快成为枯树。人要是无心做事，终将一事无成，就像枯死的树木一样。形容内在空虚对事物的危害，无论是树木还是人，缺乏核心或目的都会导致失败。

【原话】

锁君子，不锁小人。

【英译】

The locks work for gentlemen, not for villains.

【解释】

锁头只能用来防君子防不了小偷。形容锁和制度能约束守规矩的人，但对不讲道德的人无效。

【原话】

蚊子叮牛角，不注意方法。

【英译】

A mosquito biting a horn achieves nothing.

【解释】

蚊子叮牛角也是白搭。形容无论多大的努力，如果方法错误，则努力白费。

【原话】

无鼻①扁担两头脱。

【英译】

Without handles, a carrying pole loses its load.

【注释】

①鼻：器物上面能够穿上其他东西的小孔。

【解释】

扁担上没有鼻儿，绳子拴不牢，两头的东西都要从扁担上掉下去。形容没有正确的工具或措施，办事不牢靠，两头落空。

【原话】

无钱见人担薏板①，有钱见人担盆钵②。

【英译】

The timing is not good.

【注释】

①薏板：糯米馍，海南知名小吃，采用糯米粉作主料，裹椰丝馅或花生碎馅。

②盆钵：陶制器皿。

【解释】

想买薏板来吃，可惜没带钱；想买吃的却只看到卖陶器的。旧时集市隔几天才有，而且物资匮乏，小贩会挑着食品和生活物资沿街叫卖，不是随时都能买到想买的东西。形容机会与需求错位，错过购买所需物品的时机。

【原话】

压得牛低头，不压得牛吃水。

【英译】

You can lead a cow to bow, but not to drink.

【解释】

可以强迫牛低头，却不能强迫它喝水。形容不能强迫他人做不愿意做的事，要顺其自然。

【原话】

鸭子听雷。

【英译】

As unheeding as a duck in thunder.

【解释】

天上打雷预示将要下雨，但鸭子不怕水。比喻听而不闻，对周围的事物漠不关心。

【原话】

阎王要人三更死，谁敢留人到五更。

【英译】

No one can defy fate decreed by the King of Hell.

【解释】

阎王判三更死，谁也不敢违令拖延。形容某些规定或命令是绝对不可违背的。

【原话】

一家富贵难济百家穷。

【英译】

A single family's wealth is insufficient to alleviate widespread poverty.

【解释】

一家富有的家庭的财富无法解决广泛的贫困问题。它强调了个人或单个家庭的财富所能承担的社会责任和影响的有限性。

【原话】

忆着三十夜晖的鸡腿。

【英译】

Dreaming of New Year's Eve chicken legs amidst hunger.

【解释】

肚子饿，没东西吃，只能想着大年三十的鸡腿。比喻无法实际解决问题，只能寄托于幻想。

【原话】

有做无收。

【英译】

All work，no gain.

【解释】

付出了很多努力，但却没有得到应有的回报或收获。形容一个人尽管做了很多工作或投入了很多时间和精力，但结果却不尽如人意，甚至可能一无所获。

【原话】

作狗都不出毛。

【英译】

He is good-for-nothing.

【解释】

"狗"象征着辛苦工作，而"毛"则象征着最基本的回报。形容一个人付出了极大的努力和辛劳，但最终却一无所获，甚至连最基本的回报也没有。

【原话】

作姜不辣，作醋不酸。

【英译】

It is useless if the ginger does not taste hot and the vinegar not sour.

【解释】

当姜使用没有辛辣味，当醋使用没有酸味。形容事物失去本应具有的效果，作用不大。

九、胡搅蛮缠

这部分谚语和俗语反映了过于挑剔，不合逻辑，或强人所难的行为态度。这些谚语和俗语不仅揭示了一些人的不理性行为，也强调了在处理问题时需要合理、客观和富有远见的态度。通过这些生动形象的比喻，海南谚语传达了在生活中应避免的负面行为，以及对事物应有的正确看法和处理方式。

【原话】

逼龟上树。

【英译】

Forcing a turtle to climb a tree.

【解释】

乌龟不会爬树，强迫它爬上去更不可能。形容要求某人做出违反其本能或能力范围的事，即强人所难。

【原话】

逼鸡阉①生蛋。

【英译】

Expecting a capon to lay eggs.

【注释】

①鸡阉：阉过了的公鸡。

【解释】

公鸡不能下蛋，更别说阉鸡了。比喻要求某人做出他们不可能做到的事，即强人所难。

【原话】

吃奶都嫌热。

【英译】

Find fault in everything.

【解释】

吃母亲的奶水都嫌烫嘴。比喻过于挑剔，鸡蛋里挑骨头。

【原话】

吃猪肝嫌苦，吃赤肉①嫌涩②。

【英译】

Complaining about liver being bitter and lean meat being tough.

【注释】

①赤肉：瘦肉。

②涩：干涩，代指不嫩滑。

【解释】

旧时物资匮乏，能吃上猪肝和瘦肉已经是很难得了，但是有人吃猪肝嫌猪肝带有苦味，吃瘦肉嫌瘦肉柴，百般挑剔。比喻对吃东西、工作或生活过分挑剔，不好伺候。

【原话】

棺材钉响了才懂得。

【英译】

One knows best the moment he dies.

【解释】

临死进了棺材才晓得原委，形容直到最后一刻才明白事情的真相，但为时已晚。

【原话】

满簸箕撩不着扦。

【英译】

One little splinter cannot be found in a bamboo dustpan.

【解释】

满簸箕摸不到一根刺儿。形容在众多事物中寻找极小或不重要的错误，过分挑剔。

【原话】

醒醒泄尿。

【英译】

Wet the bed while being awake.

【解释】

醒着尿床。形容明知故犯的行为，意识到却故意为之。

【原话】

以小害大。

【英译】

Sacrificing the greater good for minor gains.

【解释】

因小事而妨碍大事，因小利益而损害大利益。

十、错误缺点

这部分谚语和俗语揭示了各种错误行为和人性弱点。这些谚语不仅反映了社会生活中的各种错误和缺点，也提供了对于个人行为、社会交往和心理态度的深刻洞察，同时也提醒人们在日常生活和人际交往中应注意避免这些负面行为。

【原话】

穿衫不到肚。

【英译】

Dressing exposes folly.

【解释】

穿衣竟然遮不住肚皮。形容穿着不得体，比喻行为不成熟或缺乏判断力。

【原话】

打铁打上钳①。

【英译】

Striking the tongs instead of the iron.

【注释】

①钳：指旧时打铁用钳子固定。

【解释】

打铁的时候，总是打到钳子上。指人在试图解决问题时反而误伤自己，或未能解决问题的核心。

【原话】

黑狗偷吃，白狗担罪。

【英译】

The black dog steals while the white dog takes the blame.

【解释】

黑狗偷吃却由白狗来承担责任。形容无辜承受别人的过错或被错误地指责。

【原话】

牛死瘰①不脱。

【英译】

The ox's abscess remains even after death.

【注释】

①瘰：指颈部生疮，久而不愈，常出脓水。

【解释】

牛死了，可是它皮肤上长的脓疮仍然没有好。比喻某人的坏习惯或缺点一生都不会改变。

【原话】

弄笑弄成实①。

【英译】

A joke gone too far becomes reality.

【注释】

①实：事实。

【解释】

开玩笑开过分了，使对方产生过激反应。

【原话】

山内无虎，猴狖①升殿。

【英译】

Without a tiger in the mountains, monkeys reign supreme.

【注释】

①猴狖：猴子。

【解释】

山中无老虎，猴子称霸王。比喻大人物不在，小辈狐假虎威，兴风作浪。

【原话】

身有短处怕人见，心有痛处怕人刺。

【英译】

Fearing one's flaws will be exposed or weaknesses probed.

【解释】

指人们害怕被别人看穿自己的缺点和脆弱之处。说明人们对自身形象的保护和对外界批评、攻击的防范，反映了人们内心深处对安全感和尊严的渴望。

【原话】

解裤放屁。

【英译】

Taking your trousers off to fart.

【解释】

多此一举、画蛇添足的意思。

【原话】

先上课，后打钟。

【英译】

It is a disorder to have a class before the bell rings.

【解释】

都上课了，才响上课铃声。形容先后顺序搞错了。

【原话】

一坨鸡屎秽一鼎汤。

【英译】

One drop of poison infects the whole tun of wine.

【解释】

指只要有一点点坏的或有害的东西，就会使一个整体遭到破坏。同"一粒老鼠屎坏了一锅粥"的意思。

【原话】

嘴辞辞，肚欲装。

【英译】

Declining with words，but desiring at heart.

【解释】

虽然口头上拒绝，但实际上内心非常渴望。引申为表里不一。

十一、虚伪浮夸

这部分谚语和俗语揭示了人们在社会生活中可能表现出的虚伪、浮夸及摆阔的行为。这些谚语不仅揭露了个人行为中的虚伪和浮夸现象，也反映了社会生活中的某些普遍心态和行为模式。它们提醒人们在日常生活中保持真实、谦逊和合理的态度和行为，避免陷入虚伪和浮夸的陷阱。

【原话】

吃番薯粥做时顿①，镶个金牙装色水②。

【英译】

Flaunting gold teeth despite living on sweet potato porridge.

【注释】

①时顿：一日三餐。

②色水：赶时髦，讲究打扮。

【解释】

旧时物资匮乏，穷人吃不起白米饭，常常煮地瓜粥当一日三餐。家里穷，还去镶个金牙赶时髦炫耀。形容打肿脸充胖子。

【原话】

吃酒打炮楼①。

【英译】

Boasting loudly while drunk.

【注释】

①打炮楼：这里指吹牛。

【解释】

喝醉酒吹牛，耍酒疯。

【原话】

丑人爱看镜，穷人爱看命。

【英译】

The plain-looking likes looking at the mirror while the poor likes consulting the fortune-teller.

【解释】

丑人喜欢照镜子，穷人喜欢找算命先生算命。形容人们倾向于依赖外力寻求改变，而非通过自身努力。

【原话】

大番薯臭风①。

【英译】

Large sweet potatoes are prone to rot.

【注释】

①臭风：臭味，指变质了。

【解释】

大番薯容易长虫变坏，引申为外强中干，金玉其外，败絮其中，也含有大机构易于滋生官僚主义，容易腐败的意思。

【原话】

公仔戏①都流目汁②。

【英译】

Even the puppets in the play shed tears.

【注释】

①公仔戏：又称木偶戏、傀儡戏或手托木头戏。海南艺人一人可以操控一个或多个公仔，边操控边唱戏，表演惟妙惟肖。

②目汁：眼泪。

【解释】

木偶戏演出时，木偶竟然可以流眼泪。此句俗语讽刺假戏真做、掩耳盗铃的行为。

【原话】

假精假达①。

【英译】

Pretending to be a know-it-all.

【注释】

①达：通达，指精通。

【解释】

一个人没有真正懂得很多，但假装非常了解和精通各种事物，常用于讽刺那些假装博学多才，实际却一知半解的人。

【原话】

解衣做人情，空身门后住。

【英译】

Giving away one's coat for show, only to shiver behind the door.

【解释】

脱下自己仅有的衣服送给别人，却光着身子躲在门后，走不出去。形容自顾不暇却还要假装大方接济别人。同"打肿脸充胖子"的意思。

【原话】

举着一个大钳子。

【英译】

Flaunting its claws, the crab seems fierce.

【解释】

指螃蟹举起它的大钳子，看起来很威风很吓人，实际上没什么杀伤力。用来形容一个人看起来很厉害但实际上是外强中干。另一个意思是看起来冠冕堂皇的东西，却是"金玉其外，败絮其中"。

【原话】

哭如蜈蚣咬。

【英译】

Crying as if bitten by a centipede.

【解释】

大声啼哭好似被蜈蚣咬到一样，形容哭声大而没有真实感情，行为夸张且不真实。

【原话】

鹩哥鬓。

【英译】

Hair gleaming like the silky feathers of a myna.

【解释】

鹩哥鸟头上长着一撮毛，称为鹩哥鬓，极其光滑油亮。常用来形容把头发梳得油光可鉴、赶时髦、装风度的人。

【原话】

门后舞棍打破缸。

【英译】

Pretending to be skilled only leads to mishaps.

【解释】

指没有本事，却装模作样，硬充门面。比喻无能之人假装有能耐，最终导致尴尬局面。

【原话】

乞丐命，皇帝肚。

【英译】

Living like a beggar but with the appetite of an emperor.

【解释】

穷得像乞丐一样，却要像皇帝一样享用美食。形容自身条件很差，资格不够，却要求高档奢侈的享受。

【原话】

师父公①辞封②。

【英译】

A master feigns refusal of a monetary gift.

【注释】

①师父公：道士、法师。

②封：红包。

【解释】

道士做完法事后，主人家都会敬上红包表达谢意，而道士通常客气推辞一番再收下。后来人们常用"师父公辞封"表达假意推辞。

【原话】

斯文吃锅盖。

【英译】

Being overly polite at the table leaves you hungry.

【解释】

指在吃酒席的时候，不愿与别人抢吃那就吃不饱。形容假装斯文，最终吃亏的是自己。

【原话】

无钱吃贵物。

【英译】

Desiring luxury goods despite financial constraints.

【解释】

指即使家庭贫困，还是不顾实际情况在吃穿用度上要挑好的、挑贵的。形容不考虑自身经济条件，仍追求高档消费的虚荣心态。

【原话】

下雨适泄尿人意。

【英译】

Blaming the rain for wetting the bed.

【解释】

适逢天下雨，遗尿者会把尿裤子说成是漏雨造成的，将责任推给外界因素。常用于讽刺那些在犯错后不愿意承担责任的人，他们会把自己的错误归咎于外界因素或他人，而不是面对自己的过失。

【原话】

新妇做工给家婆看。

【英译】

A new daughter-in-law puts on a show of diligence for her mother-in-law.

【解释】

指刚过门的媳妇积极在婆婆面前表现，干活勤快，实际上是摆花架子。比喻只做表面文章，但缺少实际效用。

【原话】

行路脚跟①都不到土。

【英译】

Walking so swiftly that the heels scarcely graze the ground.

【注释】

①脚跟：脚后跟。

【解释】

走路快得好似脚后跟不着地，形容走路很快。引申为人处事不稳重。

【原话】

一边脚长，一边脚短。

【英译】

Like a bull in a china shop.

【解释】

指某人做事笨拙，动作不协调，容易造成尴尬或困难的局面。此俗语揭示了行动和表现的不当可能会带来尴尬或困难，提醒人们要谨慎行事，避免因为不慎而造成损失或困扰。

【原话】

灶前虎。

【英译】

A tiger at home but a mouse outside.

【解释】

只敢在家耍威风，在外头则害羞、懦弱。形容那些在熟悉的环境中表现得很强势和自信，但在外界或陌生环境中却变得胆小和懦弱的人。

【原话】

竹竿拖死蛇。

【英译】

Dragging on like a bamboo stick with a dead snake.

【解释】

竹竿拖死蛇，拖拖拉拉。比喻讲话啰唆，长篇大论或做事拖沓。

【原话】

嘴作良心人多假。

【英译】

Those sweet in speech often hide their stings.

【解释】

只是口头表示同情的人，多数是虚假的，因为没有实际行动。形容口头上表现得很有同情心，实际行动却很少的虚伪行为。

【原话】

做工给媒人婆看。

【英译】

Putting on a show of diligence for the matchmaker.

【解释】

旧时婚嫁都经过媒婆介绍，希望媒婆介绍个好对象就做工给媒婆看。实际上是制造假象，假积极。形容为了给别人留下好印象而故意表现出忙碌或积极的态度，实则缺乏实质内容。

十二、消极懈怠

这部分谚语和俗语展示了人们在日常生活中可能表现出的消极、懈怠和逃避责任的行为，提醒人们应当用积极主动、责任担当的生活态度，以更有效的方式面对生活中的挑战和困难。

【原话】

被子里吹哨。

【英译】

Blowing the whistle from under the covers.

【解释】

这句话源自"大跃进"时期，说的是一个生产队的队长在早上要开工的时候还没有起床，结果就在被子中吹哨叫队员起床开工。常用来讽刺那些不以身作则、偷懒的人。

【原话】

拆骨洗。

【英译】

Having a show as if disassembling bones.

【解释】

形容有的人洗澡特别慢，老半天都没洗完，好像把每一根骨头都拆下来冲洗一样。

【原话】

吃猫饭做猫声。

【英译】

Enjoy the perks, fulfill the role.

【解释】

指既然要享受猫的待遇，就要负起猫的责任。同"在其位，谋其职"。常用来批评不负责任的现象。

【原话】

吃死强过①饿死。

【英译】

Better to scrape by than to perish.

【注释】

①强过：胜过。

【解释】

形容生存的重要性，哪怕条件艰苦，也要努力生存下去。

【原话】

多伴①放船流。

【英译】

Too many hands let the boat drift.

【注释】

①多伴：多人。

【解释】

指船上虽然人多，但没有负责任的人，反而放任船只流走。指责任分散或缺乏明确责任人时，事情容易被忽视或处理不当。

【原话】

惰人多昕旦①，穷人多明年。

【英译】

The lazy people postpone to tomorrow, the poor to next year.

【注释】

①昕旦：明天。

【解释】

懒人爱把今天的事拖延到明天去做，穷人爱把今年的事情推迟到明年去做。形容懒惰和贫穷的人总是把事情延后，不立刻行动。

【原话】

惰人屎尿多。

【英译】

Lazy people often find excuses for his duty.

【解释】

用来形容懒人太懒，一旦叫他做什么事情，就借口拉屎拉尿，逃避工作或责任。讽刺懒人总是找理由逃避工作或责任。

【原话】

顾喉不查头。

【英译】

Focused solely on immediate gratification.

【解释】

只在意有吃有喝，不理会吃相难看，不重视形象。形容只关心自己眼前享受，不考虑别人感受，忽略外表或精神层面的人。

【原话】

近怕鬼，远怕水。

【英译】

Fearful of both near and far challenges.

【解释】

形容遇事前怕狼后怕虎，对任何事情都犹豫不决，缺乏勇气和决断力。

【原话】

开笼放鸟。

【英译】

Open the cage and set the birds free.

【解释】

打开笼子放出飞鸟。形容放任自流，不加管制的意思。

【原话】

磕皮起刺。

【英译】

Inviting trouble upon oneself.

【解释】

用指甲抠皮肤，致使皮肤粗糙、长倒刺、破皮、发炎。比喻自找麻烦或使情况变得更糟。

【原话】

牛入车屎就出。

【英译】

Oxen shit the moment they pull a cart.

【解释】

有些耕牛套上牛车就拉屎，讽刺那些一有工作就找借口逃避的懒惰人。

【原话】

穷人多许诺，懒人多明天。

【英译】

The poor are full of empty talk and the lazy put off everything till tomorrow.

【解释】

穷人之所以穷，大多因为不勤劳，只说大话，懒人做事也是常常拖延。形容推脱任务，含有"语言巨人，行动矮子"的意思。

【原话】

人不与命争得过。

【英译】

One cannot prevail against destiny.

【解释】

这是一种悲观宿命论的观点，指人难以与命运抗争。

【原话】

人紧如线，他宽如麻。

【英译】

Everyone is anxious but he acts loosely.

【解释】

别人着急，他却很放松。常用来形容紧急关头，大家都很着急，他一个人却不在乎。

【原话】

日头晒尻脽，船都过大洲①。

【英译】

By the time he wakes, fishing boats have already sailed past Dazhou island.

【注释】

①大洲：指万宁市的大洲岛。

【解释】

懒汉早上睡到太阳晒屁股，别人的船早已驶过大洲岛去干活了。讽刺那些起床晚的人，因懒散而错失机会。

【原话】

山薯吃一节挖一节。

【英译】

Eating a yam as it is dug, piece by piece.

【解释】

山薯藏在地里很难挖出来，只好挖一节吃一节。形容生活方式只关注眼前需求，缺乏远见和计划。

【原话】

眼不见就清。

【英译】

Out of sight, out of mind.

【解释】

眼睛看不到的就以为是干净的，同"眼不见为净"的意思。形容面对问题或责任的逃避态度。

十三、趋炎附势

这部分谚语和俗语深刻地揭示了人们在面对利益时可能出现的趋利避害、攀附权势的行为特点。趋炎附势是社会生活中普遍存在的一种现象，这不仅反映了人性中的某些弱点，也是社会结构和文化背景对个体行为的影响。认识到这一点，对我们在日常生活和工作中保持原则性、独立性以及批判性思维具有重要的启示意义。

【原话】

吃乜①饭，讲乜话。

【英译】

One speaks for those from whom they benefit.

【注释】

①乜：什么样的。

【解释】

吃谁的饭，就为谁讲话，揭示了人们在利益驱动下容易丧失独立性和公正性，表现出偏袒或迎合提供利益方的倾向。

【原话】

吃人饭，听人踩①。

【英译】

To be under someone's thumb for accepting their aid.

【注释】

①踩：踩踏。

【解释】

吃人家的饭，就得听人家的管束，揭示了依赖他人的代价，即需要听从和服从他人的安排和要求。

【原话】

锅仔冷冷大家搬，锅仔烧烧众人散。

【英译】

A true friend is known in the day of adversity.

【解释】

指在没有什么利害冲突的时候，所谓的朋友都相处得很好；在有困难、有利害冲突的时候朋友都作鸟兽散了。

【原话】

乡长母死哭全村，乡长死了无人问。

【英译】

The whole village mourns the chief's mother, but ignores the chief's own death.

【解释】

当权者在世，众人都来捧场，一旦垮台就无人问津。形容世人攀炎附势、世态炎凉、人情淡漠。

【原话】

有食深山人都见，无食路边人看天。

【英译】

In time of prosperity, friends will be plenty; In time of adversity, not one amongst twenty.

【解释】

穷困的时候就是站在路边也无人问津，富有的时候即使在深山里住很远的亲戚都来探望。同"富在深山有远亲，穷在闹市无人问"的意思。一般指世态炎凉，嫌贫爱富。

【原话】

有花蜂飞到，有糖蚁跟来。

【英译】

Where there's flower, bees follow; where there's sugar, ants come.

【解释】

鲜花招来蜜蜂，蜜糖招来蚂蚁。形容人们对利益的追逐，哪里有好处，哪里就有人聚集。

【原话】

有钱大肚叫肚腩，没钱大肚叫肚崽。

【英译】

A rich man's belly is pride, a poor man's is ridicule.

【解释】

富人的大肚皮被视为身份的象征，而穷人的大肚皮则被嘲笑。形容社会对同一现象因财富不同而有不同评价的不公平现象。

【原话】

有钱叫人人听从，无钱问人人不应。

【英译】

Money talks.

【解释】

有钱的时候大家都听你的，没有钱时说话就没人听了。形容财富的拥有与否直接影响他人的态度。

【原话】

有钱人大声，无钱人吞声。

【英译】

The wealthy speak loudly, while the poor only whisper.

【解释】

有钱人说话嗓门大，而没钱人人微言轻，说话都不敢大声。此话揭示了社会中存在的阶级差异和声音的不平等。有钱人由于拥有财富和社会地位，因此更有信心和勇气大声表达自己的意见和诉求；而无钱人由于缺乏权力和资源支持，往往不敢大声说出自己的想法，甚至被迫保持沉默。

【原话】

有钱人东来拜西也来拜，没钱人亲亲姑母都不来。

【英译】

Wealth attracts countless visitors; poverty deters even kin.

【解释】

如果一个人富有，谁都想和他来往；如果家境贫寒，连自家亲戚都不来往。同"穷居闹市无人问，富在深山有远亲"意思想近，形容嫌贫爱富。

【原话】

有钱买马，没钱装鞍。

【英译】

Affording the horse but skimping on the saddle.

【解释】

肯花大钱买马，却不愿花小钱买马鞍。形容人不自量力，充大款买大件，却没钱买配件。

【原话】

有钱事事通，无钱万事空。

【英译】

With money, all doors open; without it, all paths are blocked.

【解释】

有钱做事情容易成功，没钱做事寸步难行。说明财富能够促进事务的进展，而缺乏财富则处处受阻。

【原话】

砧上有油蚁才爬。

【英译】

Ants only come where there's grease.

【解释】

砧板上有油，蚂蚁顺着味道爬来。形容人们只有在有利可图的情况下才会采取行动。

十四、自作自受

这部分谚语和俗语形象地揭示了一个普遍的道理：个人的行为选择往往直接影响到他们自己的福祉。这些谚语和俗语反映了一种生活智慧，提醒人们注意自己的行为，避免因疏忽或错误决策而自食其果。

【原话】

搬石打脚自怨苦。

【英译】

You reap what you sow.

【解释】

搬起石头砸自己的脚，只能自我责怪，比喻自作自受。

【原话】

吊�ˈ①不断绳。

【英译】

Hanging in suspense, the rope remains unbroken.

【注释】

①胲：颈、脖子。

【解释】

指上吊自尽的人在气息微弱时，绳子却不断，想死又死不了，此时最难受。形容处于极度不舒服和痛苦的境地，比喻半途而废或处于不确定状态的难受。

【原话】

怕死鬼，遇到鬼。

【英译】

Fear of ghosts brings them to your doorstep.

【解释】

指胆小的人怕鬼，却偏偏遇上了鬼。形容越是担心某事会发生，偏偏就发生了。

【原话】

饲老鼠咬布袋。

【英译】

Raising mice that gnaw at the sack.

【解释】

在家养老鼠，老鼠咬家里的东西。形容养坏人在家，最终伤害自己。

【原话】

讨枚疖来驮。

【英译】

Inviting a furuncle upon oneself.

【解释】

找个疖瘰子来让它长在背上。形容自讨苦吃，给自己增添不必要的困扰。

【原话】

携蛇吃鸡蛋。

【英译】

Bringing a snake home only to have it eat your eggs.

【解释】

把蛇带回家，蛇偷吃自家的鸡蛋。形容自己引入潜在的危险因素，最终导致自身遭受损失。

【原话】

行路不正经，脚姆戴红缨①。

【英译】

Careless walking leads to bleeding toes.

【注释】

①戴红缨：流血，比喻的说法。

【解释】

走路不正经，结果大脚趾指被石头刮破流血。警示行为不慎或不正直可能给自己带来伤害。

十五、固执守旧

　　这部分谚语和俗语揭示了对抗变化、拒绝新思想的态度及其负面影响。这些谚语不仅描绘了人们对新事物的抗拒和害怕，还反映了在传统与现代、旧观念与新理念之间的冲突。这些谚语提醒人们，固执守旧不仅会限制个人的成长和发展，还可能导致与社会的脱节。它们强调了开放思想、接受新事物、学会变通和适应变化的重要性。

【原话】
豪猪躲在洞，不知天作风。
【英译】
The porcupine in its hole is unaware of the typhoon.
【解释】
豪猪待在山洞里，不知道外面刮台风。指与世隔绝，消息闭塞。同"井底之蛙"的意思。

【原话】
塞尻脽着拗硬争。
【英译】
Stubbornly denying despite clear evidence.
【解释】
对自己做过的事死不承认。形容即使明知自己错了也不承认，硬要否认。

【原话】
生不相逢，死不相见。
【英译】
Never to see each other, dead or alive.
【解释】
两人之间的仇恨深重，以至于在生前不愿相见，即使死后也不愿再见面。它表达了极端的敌意和决绝，意味着永远断绝关系，不再有任何交集。

【原话】

实堵无药医。

【英译】

Being stubborn is incurable.

【解释】

愚笨固执是无药可治的。形容愚劣固执不听劝告之人，别人是无法帮助的。

【原话】

一支肠通到尻脽。

【英译】

Single-minded to the point of rigidity.

【解释】

指一个人思维方式过于直线和僵化，不懂变通，无法适应变化和复杂的情况。这种人通常只会按照既定的模式思考和行事，难以接受新的观点或调整自己的方法。

十六、欺软怕硬

这部分谚语和俗语揭示了社会中存在的不公平现象和人际关系的弱肉强食规则。这些谚语和俗语提醒人们，社会中存在的"欺软怕硬"现象不仅是对弱者的不公，也暴露了施暴者本身的懦弱和不道德。它们强调了在面对不公和欺凌时，需要有勇气站出来反抗不公，同时也呼吁社会加强对弱者的保护，建立一个更加公平正义的社会环境。

【原话】

不对得坡上鹿，对笼里猪。

【英译】

Targeting the caged pig, not the free deer.

【解释】

对付不了野外的鹿，只好针对笼里关着的猪，形容选择易于对付的目标，而避开难以应对的挑战。

【原话】

穿鞋①怕赤脚②。

【英译】

Those with shoes fear the barefoot.

【注释】

①穿鞋：指有地位、财富的人。

②赤脚：指穷人或一无所有的人。

【解释】

有钱人怕的是失去已有的一切，而穷人本就一无所有，没什么可怕的。形容有权有势的富人也怕穷人造反。

【原话】

大势压小势，小势坐着气。

【英译】

The powerful bully the powerless, and the powerless can only sit there, seething in anger.

【解释】

有权势的人欺压无权势的人，无权势的人只能坐着干生气。形容强者对弱者的压迫和弱者的无力反抗。

【原话】

胡蜞①咬牛脚，不咬犁壁。

【英译】

Leeches bite the cattle's feet, not the plough's edge.

【注释】

①胡蜞：蚂蟥。

【解释】

蚂蟥咬牛脚，不咬犁壁，毕竟铁犁也咬不动。引申为势利者钻弱者的空子，亦指弱者常常是施暴者的打击目标。

十七、上当受骗

　　这部分谚语和俗语展示了人在社会交往中面临的欺诈和诱惑，揭示了即使是最强悍或看似精明的人，也可能在某些情况下被欺骗或利用。这些谚语和俗语教导人们在日常生活和社会交往中要保持警惕，不要轻易信任他人，尤其是在面对诱惑和不法勾结时更需小心。它们提醒人们要增强辨识能力，避免上当受骗，同时也反映了社会中普遍存在的欺诈行为和人性的弱点。

【原话】
虎畏①虎畏听人诱②。
【英译】
Even the fierce can fall prey to deception.
【注释】
①虎畏：性格凶恶。
②诱：骗。
【解释】
性格凶狠的人也容易上别人的当，引申为凶狠的人也有软肋。

【原话】
牛同贼心。
【英译】
The cattle collude with the thief.
【解释】
牛和盗贼是一条心的，不然贼也拉不走牛。形容狼狈为奸，做出不正当行为。

【原话】
鱼爱吞钩被人收。
【英译】
Fish eager for bait end up caught.

【解释】

鱼爱吃饵被人抓，警示贪图小利可能导致大祸，容易落入陷阱。

十八、小题大做

这部分谚语通过形象的比喻，揭示了人们在面对生活中的不同事件时可能表现出的不合比例的反应。这种行为模式在日常生活中比比皆是，不仅体现在个人情感的表达上，也反映在社会交往和处理问题的方式上。这些谚语提醒人们需要正确评价事情的重要性，避免因小失大，同时也要学会适当控制自己的情绪和反应，以更理性和成熟的态度面对生活中的各种挑战和困难。

【原话】

斧砍无痛，针刺叫死声。

【英译】

Overreacting to minor hurts while ignoring major ones.

【解释】

斧头砍到都不觉痛，但被针刺到反而大声喊痛。形容一些人对大的损失无所谓，对小的损失反而耿耿于怀，有小题大做的意思。

第八章

言谈情感

一、赞美夸奖

这部分谚语和俗语在赞美夸奖方面具有独特的表达方式和文化特色，反映了当地人民审美观念和价值观，例如，对美丽外表的重视、打扮的重要性、肤白貌美的美学观念等。通过这些简练而富有意象的表达方式，海南谚语和俗语在传承文化的同时，也传递了人与人之间的正面情感和对美好事物的追求。

【原话】
肉①白毛青②。
【英译】
Fair skin and dark hair are marks of beauty.
【注释】
①肉：皮肤。
②青：乌黑。
【解释】
皮肤白皙，头发乌黑，常用来形容女性的美丽。

【原话】
三分人才七分装，木头穿衣都好看。
【英译】
Clothes make the man, as a block of wood can look good dressed up.

【解释】

强调了穿着打扮对于提升一个人外观形象的重要性，即使是最普通的人，只要穿衣得体也能显得格外吸引人。

【原话】

色水。

【英译】

Looking good.

【解释】

讲究打扮，看起来有精神，显得漂亮。常用于夸奖别人打扮得很别致，有时也作反语，即讽刺对方仅注重外表打扮。

【原话】

一白遮九丑。

【英译】

Fair skin covers a multitude of flaws.

【解释】

海南终年阳光强烈，人们的肤色大都普遍偏黑，皮肤白的姑娘就显得漂亮了。形容女子肤色的白皙，能遮掩其在面貌、身材、仪态等多处的不足或缺陷。

【原话】

一个郎家①顶九只牛听使。

【英译】

A capable son-in-law is worth nine oxen in labor.

【注释】

①郎家：女婿。

【解释】

一个女婿干活胜过九头牛，这是夸女婿特别能干的意思。

二、能言善语

这些谚语不仅描绘了言语的力量，也揭示了良好沟通背后的文化价值和社会期待，例如，吉利语的传统，明确表达的重要性，言语魅力的描述，从容不迫的沟通态度等。海南谚语和俗语不仅展现了对言语艺术的赞赏，也反映了社会对于言语交流能力的期待和重视。可见，在海南文化中，能言善语被视为一种重要的社交技能和人格魅力。

【原话】
初一晟①话。
【英译】
Early morning New Year greetings.
【注释】
①晟：天亮、早晨。
【解释】
正月初一早上，人们互相祝福"恭喜发财、万事如意"，有时这些话也被视为客套或空话。

【原话】
话不讲不透，饭不搅不匀。
【英译】
Clarity is key in communication, as stirring is in cooking rice porridge.
【解释】
比喻只有通过清晰的交流，信息才能被正确理解，就像煮粥需要搅拌以确保均匀受热一样。强调了表达清晰的重要性。

【原话】
讲得官下马，说得娘①上轿。
【英译】
So eloquent he can convince an official to dismount and a bride to ascend the

palanquin.

【注释】

①娘：新娘。

【解释】

旧时形容媒人能言善道，能让官员下马，新娘上轿，意指为了促成婚事，媒人会话术犀利，夸大其词。现用来形容人说话极具说服力，能够说服他人做出行动。

【原话】

说话树叶也点头。

【英译】

His words are so compelling that even leaves seem to nod in agreement.

【解释】

形容说话极具感染力和说服力，仿佛连自然界的树叶都为之动容。

【原话】

嘴讲心不乱。

【英译】

He is articulate and composed, even in speech.

【解释】

描述一个人不仅具备良好的表达能力，还能够在表达过程中保持冷静和自制力。这种人能够在任何情况下都保持内心的平静，不被外界的纷扰所动，展现出卓越的心理素质和应变能力。

【原话】

嘴水甜。

【英译】

Sweet words are a powerful tool.

【解释】

表示一个人说话讨人喜欢，善于运用言辞获得他人好感，强调了口才和说服力的重要性。

三、规劝勉励

这些谚语不仅为人们提供了生活的指南，还传递了丰富的生活哲学和道德规范，引导人们形成正确的价值观和生活态度。

【原话】

不用看牛屎乌①无刺。

【英译】

Even a dung beetle, seemingly harmless, can cause harm.

【注释】

①牛屎乌：学名蜣螂，俗称屎壳郎，头长短刺，人光脚踩它时可被刺伤，引起感染。

【解释】

屎壳郎看似无害，实则也能造成伤害，意味着不应小看那些貌似无能的人。

【原话】

吃人饭肚不饱，穿人衣不齐整①。

【英译】

Reliance on others for food and clothing rarely meets one's needs fully.

【注释】

①齐整：合体。

【解释】

依赖他人提供的食物和衣物很难完全满足个人需求，强调了自力更生和独立生活的重要性。

【原话】

从穷做富人看见，从富做穷人看欺。

【英译】

Rising from poverty garners respect, falling from wealth incurs scorn.

【解释】

指从贫穷变富有，别人看得起，但是从富人变穷人，遭人鄙视。常用来劝告人们要努力奋进，不要坐吃山空。

【原话】

得意多忘形，失意多弃志。

【英译】

Success often leads to complacency, while failure leads to loss of will.

【解释】

提醒人们在成功时不要过于自满忘形，在失败时也不要失去斗志和勇气，强调了保持平衡心态和持续奋斗的重要性。

【原话】

番薯屎没放完。

【英译】

It is disgraceful to forget one's humble background.

【解释】

旧时农村没饭吃，一般是加番薯在米里一起煮着吃。意为从农村（吃番薯饭）出来吃白米饭不久就忘本了，常用来劝告人们不要忘本，任何时候都要记住父老乡亲。

【原话】

丰年莫忘荒年苦，饱时莫忘饥时肚。

【英译】

In times of plenty, remember the times of scarcity.

【解释】

指生活富足的时候要回想过去贫困的日子，形容不要忘记过去艰难的岁月，要居安思危。

【原话】

风大风欲过，雨大雨欲停。

【英译】

The fiercest winds calm, and the heaviest rains cease.

【解释】

风再大也会停，雨再大也会止。劝人正确对待矛盾，保持冷静的态度，观察事态的发展再采取行动。

【原话】

逢人吃酒得一盅①，参②人打架得一伤。

【英译】

Joining in celebration earns you a toast, but involvement in conflict brings injury.

【注释】

①盅：杯。

②参：参与。

【解释】

形容参与做好事受表扬，但是参与做坏事自己遭殃。警示不要什么事情都盲目参与，否则会祸害自己。

【原话】

关嘴强关门。

【英译】

Silence is golden, far more than closing doors.

【解释】

强调保持沉默比阻止流言蜚语更有价值，暗示说话要慎重，倾听更为重要。

【原话】

好食落肚记不久，好话落心记千年。

【英译】

Delicious meals may be forgotten, but kind words are remembered forever.

【解释】

美食的满足是短暂的，而真诚的话语却能长久留在人心，给予人鼓励、力量和信心。强调了精神层面上的关怀和支持比物质上的享受更为重要，提醒人们多说鼓励和善意的话语，因为它们能在人们的心中留下深刻而持久的印象。

【原话】

猴猓①酒只吃一下。

【英译】

Opportunity comes only once.

【注释】

①猴狨：猴子。

【解释】

猴子酿的酒，难得一见，能喝一次那是幸运。将难得一见的机会比喻为独一无二的体验，强调把握当下的重要性。

【原话】

力是深江水，使去又出回。

【英译】

Strength ebbs and flows like deep river waters.

【解释】

把体力恢复比作江水的循环流动，鼓励勤奋和付出，因为这些品质能够不断更新，对于进步至关重要。

【原话】

临渴挖井无水，年到阉鸡无肥。

【英译】

Digging a well when thirsty yields no water.

【解释】

口渴时才想挖井，春节前才阉鸡，已为时太晚。比喻事先没有准备和远见，等到问题出现时才应对，结果往往不理想。

【原话】

马善受人骑，人善受人磨。

【英译】

As the gentle horse is ridden, the kind person is bullied.

【解释】

温顺的马容易被人骑，善良的人容易被人欺负。提醒人们在善良与被人利用之间要找到平衡，不要过于老实。

【原话】

骂不好嘴，打不好手。

【英译】

Curse and fight are inevitable in a quarrel.

【解释】

指骂人无好话，打架难免争执、斗殴。劝说人们不要吵架和打架。

【原话】

皮厚不死人。

【英译】

Being thick-skinned won't kill you.

【解释】

描述不容易害羞，行事大胆，常用来自嘲或鼓励别人大胆行事，不必过于担心他人的看法。

【原话】

勤俭节约样样有，力吃懒做件件无。

【英译】

Diligence and frugality bring wealth; idleness and extravagance lead to poverty.

【解释】

通过勤劳和节俭可以积累财富，而懒惰和挥霍则导致贫穷，强调了勤劳和节俭的价值。

【原话】

勤劳吃酱油①，斯文②舔锅盖。

【英译】

Hard work brings prosperity, while idleness affords you nothing.

【注释】

①酱油：旧时物资匮乏，能吃得上酱油就是家境不错了。

②斯文：这里是反语，指好吃懒做。

【解释】

勤劳的人能发家致富，家产殷实，而懒惰的人家中连吃的都没有，只能舔锅盖。强调勤奋工作能带来财富和幸福，而懒惰只会导致贫困和困窘。

【原话】

人比人，气死人。

【英译】

Comparing with others only breeds discontent.

【解释】

持续与他人比较只会带来不满和挫败感。提醒人们避免无谓的比较，专注于自身的进步和幸福。

【原话】

人死留名，虎死留皮。

【英译】

Humans leave their reputation, as tigers leave their skin.

【解释】

人通过行为和成就留下名声，就如同虎死留下皮一样。强调了生前行为对后世名声的影响，鼓励人们行善留名。

【原话】

日不点人，夜不点鬼。

【英译】

Speak no ill of others, by day or by night.

【解释】

提醒人们不要在任何时候说别人的坏话，无论是白天还是夜晚，强调了言语的积极影响和避免造谣生事的重要性。

【原话】

三十生力四十生窍，五十不富就是穷。

【英译】

A man at 30 is physically strong, and becomes wise at 40. But if he is not rich enough at 50, he will be regarded as poor.

【解释】

描述了人生的三个阶段：三十岁时体力旺盛，四十岁时经验丰富智慧增长，到五十岁如果没有经济基础，则被视为未成功。强调了抓住青春时期勤奋努力的重要性。

【原话】

生有乜乾坤①都想，死去乜乾坤都无。

【英译】

In life, one may desire the universe, but in death, all is lost.

【注释】

①乾坤：代表天地万物。

【解释】

指出人们在生时可能贪图世间一切，但死后什么也带不走。提醒人们应该看淡名利，理解生命的有限性和物质追求的空虚。

【原话】

十赌九死，一点不假。

【英译】

No gamblers are winners.

【解释】

强调赌博几乎总会导致悲剧结局，用以警告人们远离赌博。

【原话】

天上雷公，地上土地公。

【英译】

The gods above and below watch all our deeds.

【解释】

在海南，人们崇拜雷公神和土地神，相信天地之间的神明都能看到人间的一切行为。用来提醒人们，无论何时何地，都应行善避恶，保持诚信和正直。

【原话】

饲鸟鸟飞走，饲狗狗摇尾。

【英译】

Birds may fly away, but dogs remain loyal.

【解释】

做事要像养狗一样，寻找那些能长期回报和效忠于你的投资或行动，而不是像养鸟最终飞走一样的短暂和无益。

【原话】

愿做生老鼠，不做死皇帝。

【英译】

Better to be a live rat than a dead emperor.

【解释】

强调生存和活着的价值远超过身后的荣耀或名声，提醒人们珍惜生命，活在当下。

【原话】

做人不生窍，做乜都限数。

【英译】

Lack of savvy leads to failure in endeavors.

【解释】

一个人如果没有智慧或诀窍，在各方面的尝试都会遇到困难或失败，强调智慧和灵巧是成功的重要因素。

四、批评建议

这部分谚语和俗语既含蓄地批评了不良行为，又巧妙地提出了改进的建议，体现了海南文化中独有的智慧和幽默。这些谚语和俗语不仅是对错误行为的批评和建议，也是对正确行为的肯定和鼓励，反映了海南文化对个人品德和社会行为规范的重视。

【原话】

不由上床就泄尿①。

【英译】

Never make，but always break.

【注释】

①泄尿：尿床。

【解释】

原指孩子一放到床上就尿床。比喻缺乏自控力，急于行事，做事总是失败。

【原话】

翻起是锣，打起是鼓。

【英译】

What appears as a gong may sound like a drum.

【解释】

看起来是一面锣，响起来却是鼓声。比喻表面和实际不符，或者故意混淆是非，信口雌黄。

【原话】

好话不识句，歹话识一肚。

【英译】

He never goes far but speaks evil of others.

【解释】

指不擅长说好话，满嘴坏话。批评那些专门用言语伤害他人的行为。

【原话】

黑鸡①不认种。

【英译】

A crow betrays its flocks.

【注释】

①黑鸡：乌鸦。

【解释】

乌鸦不认自己的同类。形容不忠于自己的群体，不认祖宗或忘本，通常用于批评那些忘恩负义或背离根源的行为。

【原话】

脚手不平长。

【英译】

Sticky fingers.

【解释】

指某人有偷窃的习惯，形容其行为不正，手脚不干净。

【原话】

看书不到纸。

【英译】

Reading without attention.

【解释】

指读书时不集中精力，不充分理解文字。批评那些阅读时粗心大意的行为。

【原话】

扛轿①无好好扛轿，去管人新娘放尿。

【英译】

Keep one's breath to cool his porridge.

【注释】

①扛轿：抬轿。

【解释】

原意指轿夫应专注于抬轿，而不是去关心不相关的事情。比喻人应专注本职工作，不要过多干涉他人事务。

【原话】

牛屎乌①不用嫌火炭黑。

【英译】

The dung beetle, dark as it is, need not disdain the charcoal's black.

【注释】

①牛屎乌：屎壳郎。

【解释】

屎壳郎本身就是乌黑的，它没有资格嫌弃其他东西黑。意在说每个人或事物都有自己的特点或缺陷，不应鄙视他人。

【原话】

人室①的鼎黑黑也是你的？

【英译】

Is a pot from another's house yours just because it's as black?

【注释】

①室：别人家。

【解释】

别人家的锅即使和你的一样黑，也不意味着就是你的。用来质疑那些贪婪或专横的人，提醒他们不要因为外表相似就声称所有权。

【原话】
扫室不扫角，洗脸不洗眼。
【英译】
Cleaning the house without sweeping the corners or washing the face without the eyes shows negligence.
【解释】
扫地不扫屋角，洗脸不洗眼角。形容一个人在履行职责时做事马虎，指出了行事全面、细致的重要性。

【原话】
十个司机九个花鼻。
【英译】
Many a driver is a great traveler in perfumes.
【解释】
指旧时司机常年在外跑车，有寻花问柳的倾向。

【原话】
死猪不怕沸水烫。
【英译】
A dead pig fears not the boiling water.
【解释】
指脸皮厚，对批评或责备毫不在意，用于指出某人无视他人意见或批评的态度。

【原话】
躺在糖缸里不知甜。
【英译】
Unaware of the sweetness while in a sugar jar.

【解释】

描述人们没有意识到自己已处于幸福之中，强调珍惜当前所拥有的重要性。

【原话】

写字像鸡刨粪。

【英译】

The handwriting is as careless as claws scratch.

【解释】

非常潦草的字迹，形容写字潦草难以辨认。

【原话】

走无脚带室。

【英译】

Idling away one's time outside all day long.

【解释】

描述一个人整天到处闲逛，很少回家或参与家庭活动。用于批评那些不承担家庭责任或爱好游荡的人。

【原话】

坐无坐相，站无站相。

【英译】

Lacking grace in sitting and standing.

【解释】

指某人无论坐着还是站着时都缺乏得体的姿势。常用来批评那些举止不雅的人，认为这样的人难以成就大事。

五、争鸣辩论

这些谚语和俗语反映了海南人民在处理社会关系、人际交往中的智慧和方法，强调理性、尊重和平等的沟通态度，体现了海南文化对和谐社会的追求和对个体差异的尊重。

【原话】

不讲不得笑。

【英译】

Just kidding.

【解释】

表明某句话或行为只是为了开玩笑，没有恶意，提醒别人不需要对此感到被冒犯或过于认真。

【原话】

鸡肚不知鸭肚事。

【英译】

It is hard to read one's mind.

【解释】

鸭子想些什么，鸡不得而知。比喻人与人之间心思难以揣摩，强调了个体思想的隐秘性和复杂性。

【原话】

讲高伤天，讲低伤地。

【英译】

Speaking is an art.

【解释】

提醒人们说话需谨慎，既不可过于自大也不应自卑，强调了言语的影响力及其对他人情绪的潜在影响。

【原话】

精人吃窍，傻人吃力。

【英译】

One good head is better than a hundred strong hands.

【解释】

描述聪明人依靠智慧和策略达成目标，而不聪明的人只能依赖体力和硬干，强调了智慧和方法的重要性。

【原话】

十个先生九本册。

【英译】

Not every teacher teaches the same.

【解释】

即便是在同一领域内，每个教师的教学方法和所授知识都会有所不同，强调了个体差异和多样性的存在。

【原话】

先生讲百二就百二。

【英译】

Taking what the teacher says for granted.

【解释】

老师说一百二十就是一百二十。描述过去学生对老师的绝对信任，无条件接受其教导。强调了传统教育中对教师权威的尊重，同时提醒现代教育应鼓励批判性思维和独立思考。

【原话】

咸淡不离得人嘴，好歹不离得乡村。

【英译】

Taste is discerned by the mouth, character by the villagers.

【解释】

通过品尝即可判断食物的味道，通过乡人的评价可知一个人的品性。强调了乡人对个人品德评价的重要性，以及个体行为对家乡声誉的影响。

【原话】

一只手板打不响。

【英译】

A single hand cannot clap.

【解释】

表示争执或问题通常需要两方面的参与才会发生，强调了冲突或问题的双方责任，鼓励人们共同解决分歧。

【原话】

以势压人，嘴服心不服；以理服人，嘴服心服。

【英译】

Convincing with reason wins both verbal and heartfelt agreement.

【解释】

使用权力或压力可能只得到表面的同意，而只有以理服人才能真正赢得他人的内心认同和尊重。强调使用合理的论据和说服力量可以赢得别人的真诚认同和尊重。

六、讽刺嘲笑

这部分谚语和俗语通过讽刺和嘲笑的方式，对人们的行为、态度以及社会现象进行了深刻的剖析和批判，既有幽默感也有启发性，体现了民间智慧和文化的独特魅力。

【原话】

笨人拿好枪。

【英译】

Fortune favors fools.

【解释】

常用来形容运气好的人，即使不聪明也能获得好运，强调了运气在人生中的作用。

【原话】

吃饭不到肚。

【英译】

He is good for nothing and always does something unreasonable.

【解释】

常指一个人做事没有成效，常常做出不合理或无意义的行为，用来批评那些做事不考虑后果或不符合常理的人。

【原话】

打铁手欲想整^①手表。

【英译】

Difference in profession makes one feel worlds apart.

【注释】

①整：修理。

【解释】

铁匠干的都是粗活，修手表则是细活。铁匠想修理手表，做不到。用来形容专业领域之间的巨大差异，指出某些任务或技能需要专业知识，难以由其他领域的专家完成，同时讽刺那些过分自信，试图超越自己专业范围的人。

【原话】

多心妇姆穿破裙。

【英译】

A lady of easy virtue ends up suffering.

【解释】

水性杨花的女人到头来吃苦头。形容朝三暮四，弄巧成拙。

【原话】

放尿不上壁。

【英译】

Never make, but always break.

【解释】

原意讥讽小孩小便不能射到墙壁上，引申办不成大事，与"成事不足，败事有余""嘴上不长毛，办事不牢"相当。

【原话】

放在油锅里炸也不胖。

【英译】

Too lean to gain weight, even if fried.

【解释】

有的人瘦得皮包骨，即使将他放在油锅里炸也胖不了，形容身材极瘦。

【原话】

肥爹身上好割血。

【英译】

The fat, rich man tends to be the target of blackmail.

【解释】

指富裕的人因为拥有更多资源，往往成为他人利用或敲诈的对象，用来警示富有者可能面临的风险。

【原话】

狗看戏。

【英译】

A dog barks as it sees other dogs barking.

【解释】

指不懂戏的人，人家笑他也跟着笑，但根本不知道是怎么一回事。形容盲目跟随他人，用来批评那些缺乏独立思考、人云亦云的行为。

【原话】

狗眼看人低。

【英译】

Looking down on others with disdain.

【解释】

指某些人以势压人，看不起别人，或者用鄙视的眼光看待别人。通常用来形容那些轻视他人、傲慢无礼的人。

【原话】

狗赞狗屁股白。

【英译】

Every potter praises his own pot.

【解释】

自我夸赞，就像狗夸自己的屁股白一样，不客观且自欺欺人。

【原话】

寒不懂穿，热不懂解。

【英译】

Having no idea when to put on or take off warm clothes.

【解释】

不晓得季节变化，天冷不懂添衣，天热不懂减衣。用来批评那些不懂得根据实际情况调整自己的人。

【原话】

猴子形。

【英译】

As unattractive as a monkey's face.

【解释】

长得像猴子一样，不讨人喜欢，通常作为侮辱性质的评论。

【原话】

挤挤坐。

【英译】

A gate-crasher.

【解释】

讽刺有的人脸皮厚，喜欢当不速之客。在别人吃饭时，不请自来，主动端起凳子挤挤坐在饭桌边，主人也无可奈何。

【原话】

讲你又不识，带你去路又远。

【英译】

Explaining it to you would be pointless, and taking you there is too far.

【解释】

不想告知详情的推脱词，表达了不想解释或认为解释无用的情绪，可能因为认为对方难以理解或不值得花时间去详细说明。

【原话】

脚痒不抓去抓靴。

【英译】

Scratching the boot instead of the itchy foot.

【解释】

脚痒不抓脚却去抓靴子，比喻行动未能直接解决问题，而是做了一些无关紧要或无效的尝试。

【原话】

借钱师父，欠钱老爹。

【英译】

More respectful when borrowing than when owing.

【解释】

描述借钱时态度恭敬，欠钱时却变得嚣张或避而不见，讽刺了还债时常见的逃避行为。

【原话】

看嘴狗。

【英译】

Like a dog waiting for scraps.

【解释】

家中养狗，当你吃饭时狗就蹲在一旁看着你，等待你扔骨头给它。形容期待从别人那里得到好处，就像狗在餐桌旁等着吃剩骨头一样，用来批评那些过分依赖他人施舍的人。

【原话】

脸皮厚过三层墙。

【英译】

Thicker-skinned than triple-layered walls.

【解释】

指不在乎别人的看法或批评，能够厚颜无耻地坚持自己的行为或言论，尽管这些行为或言论可能是不合适的或令人反感的，常用于嘲笑厚颜无耻的人。

【原话】

皮厚过柚。

【英译】

Thicker-skinned than a grapefruit peel.

【解释】

描述一个人极度厚脸皮，使用柚子皮的厚度作比，形象地说明了某人对批评或羞耻无动于衷的性格特点。

【原话】

皮痒。

【英译】

Itching for a beating.

【解释】

形容某人行为挑衅，仿佛在寻求被惩罚，常用来指责那些行为让人无法忍受的人。

【原话】

尻脽皮作面皮。

【英译】

Using one's buttock skin as face skin.

【解释】

指一个人极度不知羞耻，脸皮厚到令人难以置信的地步，通常用于强烈批评某人的无耻行为。

【原话】

牵气不上脰。

【英译】

Gasping for breath amidst one's own troubles.

【解释】

指吸气不到颈部了，形容上气不接下气。多用于形容自顾不暇，还要管别人的事。

【原话】

人讲牛上岭，你讲牛生仔。

【英译】

Talking at cross purposes.

【解释】

指讨论时彼此谈论的内容完全不相关，强调对话双方之间的沟通不畅或话题不一致。

【原话】

撒谷饲人鸡阉肥。

【英译】

Feeding others' capon with one's own grain.

【解释】

撒谷子喂养别家的阉鸡。比喻用自己的资源去滋养或支持他人，特别是在感情上，指丈夫有外遇而忽略妻子。

【原话】

三日成屎，四日生尿。

【英译】

Recklessness wastes God's good gifts.

【解释】

指珍贵物品被草率使用或未被妥善保管，很快就被毁坏了，批评那些不懂得珍惜资源的行为。

【原话】

山鸡无室贼无村。

【英译】

Neither pheasant has a home nor thief a village.

【解释】

山鸡指野鸡，没有固定的家。贼到处偷东西，名声不好，有村难回，到处流浪。比喻那些因行为导致被社会排斥、没有归属的人。

【原话】

说古落古，讲嘴落嘴。

【英译】

Tales turned reality, boasts turned truths.

【解释】

讲故事，却不料故事发生在自己身上；吹牛炫耀，却被事实揭穿了自己的话。

【原话】

替北京人愁寒。

【英译】

It is unnecessary to worry that people in Beijing can't bear the cold winter.

【解释】

北方冬天寒冷，人们自然会穿衣御寒，用不着南方人为其发愁。描述无谓的担忧。

【原话】

天作风着泄尿人。

【英译】

Blaming a bedwetting on a stormy night.

【解释】

在台风天气下尿床，其湿润环境掩盖了尿床的事实。比喻在混乱的环境中，某些不良行为或错误容易被忽视或掩盖。

【原话】

新妇教家婆生子。

【英译】

Teach fish to swim.

【解释】

媳妇教婆婆怎样生孩子，形容班门弄斧。

【原话】

闲过虱母①。

【英译】

Lazier than a female louse.

【注释】

①虱母：母虱子

【解释】

比头上的虱子还清闲。形容极度懒惰的人，甚至比寄生在人体上的虱子还要无所事事，通常用于批评那些无所作为的人。

【原话】

现世①叫标致②。

【英译】

Seeing disgrace as a badge of honor.

【注释】

①现世：丑事。

②标致：美丽。

【解释】

把丢人现眼的事当作光荣，用来批评那些不知羞耻，反而以不良行为为荣的态度。

【原话】

相熟人补破鼎①。

【英译】

Betrayed by someone trusted with repairs.

【注释】

①鼎：锅。

【解释】

因信任而委托熟人修补东西，结果却是不堪。用来比喻信任熟人进行交易或合作，最终却被欺骗。

【原话】

阉狗医生。

【英译】

Fit only to neuter dogs.

【解释】

用来贬低医术不佳的医生，认为其能力仅限于做最基本的兽医手术，表达对其医疗技能的不信任和轻视。

【原话】

阉牛脚手。

【英译】

Skilled as a brute in castrating oxen.

【解释】

阉牛时要手脚快且心狠手辣。用来形容某人行事粗鲁而且冷酷，像是在阉割牛时那样的手法，暗示其野蛮无情的做事风格。

【原话】

一身刀子没把利。

【英译】

A jack of all trades but master of none.

【解释】

浑身是刀，没有一把是锋利的。形容一个人虽然懂得多种技能，但每项技能都不精通，强调了广泛知识与深度技能之间的差距。

【原话】

有人生无人教。

【英译】

Born without being taught manners.

【解释】

描述一个人没有接受过良好的教育或家教，常用于批评那些行为粗野无礼的人。

【原话】

与先生角字目。

【英译】

Debating with the teacher about the pronunciation and meaning of a word.

【解释】

和老师争辩字的读音和含义。比喻非专业人士在不了解情况下与专家争辩，批评自不量力的态度。

【原话】

做贼人头壳戴得香炉。

【英译】

A thief swearing innocence with a censer on his head.

【解释】

贼子偷东西后头顶香炉发誓说他没偷东西。形容某些人即使做了坏事也会厚颜无耻地否认。

七、幻想虚言

这部分谚语和俗语通过幽默和讽刺的方式，对人们不切实际的思想行为进行了深刻的反思和批判，旨在引导人们树立正确的价值观和行为准则。

【原话】

笨狗想屎，笨人想财。

【英译】

Just as silly dogs want a pile of shit, fools dream of a fortune.

【解释】

指呆狗想吃屎，呆人梦想发大财。常用来讽刺某人异想天开，想不劳而获。

【原话】

吠天书，车大炮。

【英译】

Spouting nonsense or boasting.

【解释】

指讲话内容荒谬或夸大其词，类似于空谈或无根据的自夸。

【原话】

狗想猪肝骨。

【英译】

A dog fantasizes about a non-existent liver bone.

【解释】

猪肝根本没有骨头，形容某人幻想根本不存在或不可能实现的事物，指出了其不切实际的期望或愿望。

【原话】

讲给鸡听狗都笑。

【英译】

If you tell it to a chicken, even the dog would laugh.

【解释】

形容事情或话语非常荒谬，连不理解人类语言的动物都会觉得好笑。批评那些言论荒谬、毫无逻辑的说话方式。

【原话】

看命不留情，留情不看命。

【英译】

A fortune-teller's claim to brutal honesty.

【解释】

指算卦、相面的人诡称自己说的都是天机，不会假意奉承，否则卦相不灵验，以此来诱人算卦。

【原话】

老鼠要吃猫奶。

【英译】

A mouse dreams of nursing from a cat.

【解释】

描述不可能或不切实际的愿望，强调了某些人或事物之间天然的矛盾和不可能性。

【原话】

麻雀学鹅生蛋。

【英译】

A sparrow tries to lay an egg like a goose.

【解释】

小麻雀学鹅生蛋。比喻人不认识自己的局限，追求超出自身能力范围的目标。

【原话】

牛尾嘴，两边搬。

【英译】

Gossiping as if swaying like an oxtail.

【解释】

人喜欢传播是非，嚼舌根，就像牛尾摆动一样，不停地在两边传话。指责那些喜欢挑拨离间、传播流言蜚语的人。

【原话】

破篾箍天。

【英译】

Claiming to bind the sky with bamboo strips.

【解释】

吹牛说能用篾条把整个天箍起来。形容人夸大其词到了荒谬的地步。

【原话】

闲时磨刀急时用。

【英译】

Preparing tools in peace for use in times of need.

【解释】

空闲时做些准备工作以备将来之用。比喻提前准备，以备不时之需。

【原话】

竹竿晒衣都出笋，灶里煨薯都出芽。

【英译】

Exaggerating to the point of bamboo sprouting from poles and sweet potatoes sprouting in the stove.

【解释】

晒衣的竹竿都能长出竹笋，放在炉灶里烤的番薯都能发芽。形容某人讲话或描述事情过于夸张，违背常理，用以批评或嘲笑那些言过其实的夸张言论。

【原话】

嘴甜舌滑心肝黑。

【英译】

Sweet in speech but dark in heart.

【解释】

形容表面上讲话甜美、言辞圆滑，但内心却藏着恶意或不良动机的人，警告外表和内心可能的不一致。

【原话】

嘴甜甜，心勾勾。

【英译】

Sweet talker with a scheming heart.

【解释】

形容人表面上说话甜蜜，却暗藏恶意或不良计划。警告人们不要轻信表面的甜言蜜语。

八、炫耀卖弄

这部分谚语和俗语通过生动形象的比喻和讽刺，揭露了炫耀卖弄的负面影响，旨在引导人们保持谦虚低调、实事求是的态度。通过这些谚语和俗语，传达了一种社会期望，即个人应以实际行动而非空洞言辞来证明自己的价值。

【原话】

讲话不怕风打牙。

【英译】

Brazenly boasting without shame.

【解释】

形容人无论说什么都毫不害羞，即使是吹牛也面不改色，强调了其厚脸皮或自信的态度。

【原话】

自己生蛋自己唱歌。

【英译】

A hen sings proudly after laying an egg.

【解释】

母鸡下蛋后就跑出来咯咯地叫，形容某人做了一点成绩就大肆宣扬，类似于母鸡下蛋后的得意叫声，用来批评自我夸耀的行为。

九、少言寡语

这部分谚语和俗语，描述了那些沉默寡言、性格内向或者选择不多言以避免冲突的人。

【原话】

狗不合个。

【英译】

Preferring solitude over companionship.

【解释】

指连普通的朋友都没交到一个。引申为性格孤僻，不爱社交，活在自己的世界里。

【原话】

关嘴如关板门。

【英译】

Sealing one's lips as firmly as a barricade.

【解释】

坚决保持沉默，像关闭坚固的门一样，不泄露任何信息或不发表任何评论，以免引起麻烦。

【原话】

踢几脚也不叫。

【英译】

Not crying out even after being kicked several times.

【解释】

挨打了也不吭声，形容某人性格内向、不善表达或忍耐力强。

【原话】

哑得像只牛。

【英译】

As dumb as a cow.

【解释】

形容一个人极其寡言少语，即使在需要交流的情况下也保持沉默，用来指那些不善于或不愿意进行社交交流的人。

十、贫穷没落

海南谚语和俗语中关于贫穷没落的描绘，生动反映了社会底层人民的生活苦难和社会对贫穷的不同态度。

【原话】

狗咬乞吃人[①]。

【英译】

Beggars are not spared even by dogs.

【注释】

①乞吃人：乞丐。

【解释】

狗看见乞丐走过都赶过去咬一口。形容社会上存在的不平等现象，即连最卑微的人也遭受着更多的苦难，用以批评社会上的欺贫爱富态度。

【原话】

穷鬼加大病，五鬼来抄家。

【英译】

Misfortunes compounded by poverty and illness.

【解释】

一个人或家庭已经贫穷，又遭遇疾病的双重打击，生活陷入更加绝望的境地，比喻在困难中再遭遇更大的不幸。

【原话】

人嘴大，咱嘴小。

【英译】

The mighty have louder voices than the meek.

【解释】

指社会中权力和财富大的人能够轻易表达并得到关注，而穷人或弱势群体即使有理也难以被听见，揭露了贫富阶层造成的不平等。

【原话】

瘦鹅吞瘪谷。

【英译】

Lean geese pecks at shriveled grains.

【解释】

体型瘦小的鹅脖子本来就长，又吞不饱满的谷子，样子尴尬。形容处境困难或不利，不得不接受不理想的条件，比喻人在艰难环境中挣扎求生的窘迫形象。

【原话】

双脚爬，双手挖。

【英译】

Toiling with both hands and feet.

【解释】

手脚并用干活，形容全身心投入地辛勤工作的情形，强调工作的艰苦和勤劳精神。

【原话】

无钱车不走。

【英译】

Without money, nothing moves.

【解释】

在某些情况下，没有金钱就难以促使事情进展，强调了金钱在办事或运作中的重要作用。

【原话】

无钱看空市。

【英译】

A penniless man goes fast through the market.

【解释】

没有钱时去市场，只能空看，不能购买。比喻无法参与某些活动或享受某种物质。

【原话】

咸水也中渴人喝。

【英译】

The thirsty will drink even salty water.

【解释】

实在渴得不行的情况下，盐水也能喝。指在极度需要时，人们会接受不理想的解决方案，强调了在特定情况下对选择的妥协。

【原话】

有酒有肉多人吃，有事遇难不见人。

【英译】

Friends abound in good times, disappear in bad.

【解释】

家庭富足的时候，有酒有肉，称兄道弟的朋友就非常多；当家道中落，遇到灾难的时候，这些朋友都会避而不见。形容人际关系中的利益驱动和世态炎凉。

【原话】

竹竿穿湿人穿干。

【英译】

Wearing clothes off the drying pole.

【解释】

旧时农村用竹竿晒衣服。由于衣服少，穿脏了就脱下来洗干净晒在竹竿上，衣服干了就拿下来穿。形容因经济困难而衣物匮乏的生活现状，反映了贫穷生活的艰辛。

【原话】

行着做，站着吃。

【英译】

Work while walking, eat while standing.

【解释】

指不停地干活，连吃饭也是站着吃。形容人非常勤劳和忙碌，连吃饭的时间都没有，强调了一种忙碌、随时随地工作的生活方式。

十一、倒霉无奈

海南谚语和俗语中关于倒霉和无奈的描绘，生动展现了人们在面对不幸和无奈时的感受和态度。这些谚语不仅表达了人们对倒霉和无奈的感受，还体现了一种对现实的接受态度和幽默感。通过幽默和讽刺的方式来减轻生活的重负，展示了海南人民在面对困难和挑战时的乐观精神。

【原话】

好心遭雷打。

【英译】

The good is rewarded with the evil.

【解释】

指好心帮助他人却遭到他人的责怪，描述出于好意的行为反而遭遇不良反应或不感激，强调了做好事有时可能不被理解或欣赏的现实。

【原话】

跑官跑着贼，跑强盗碰海贼。

【英译】

Resigning from an official position and heading home, one encounters robbers who steal money. In an attempt to evade the robbers by taking a water route, one unexpectedly encounters pirates.

【解释】

辞官回家碰到强盗打劫钱财，为了躲避强盗走水路，没想到又碰到海盗，真是祸不单行。形容逃避一个危险，却意外陷入另一个更大的危险中，用来比喻一个接一个的不幸事件。

【原话】

吃沸水都卡喉。

【英译】

Even boiling water chokes in bad luck.

【解释】

喝开水也被呛到。形容不幸运时连最简单的事情都会出问题，强调了运气不佳时的连锁不幸事件。

【原话】

衰家胡北尾。

【英译】

Luck only turns at the game's end.

【解释】

麻将用语。指打麻将运气特别差，只胡最后一把，比喻在一连串不幸中唯有在最后一刻才有所转机，用于形容经历连续挫败后的微小胜利或好转。

【原话】

鱼虾不来来草芥。

【英译】

Catching weeds instead of fish.

【解释】

出海打鱼没捞到鱼虾，却捞出一堆无用的水草。比喻努力未能如愿以偿，收获与期望不符。

【原话】

运衰吃沸水都塞齿。

【英译】

Even boiling water gets stuck in the teeth during bad luck.

【解释】

运气不好的时候，连喝水都塞牙缝。形容运气极差。

【原话】

走熊碰见虎，走鬼碰见墓。

【英译】

He who escapes from a bear bumps into a tiger; he who avoids meeting a ghost runs across a graveyard.

【解释】

逃避熊的追赶反而遇见老虎，不想碰见鬼偏偏看到坟墓。形容在试图避开一个危险或不愉快的情况时，不幸地陷入另一个同样或更糟的困境中。

十二、悲观难受

海南谚语和俗语中关于悲观难受的主题，描绘了人们在遭遇不幸、困境或人生低谷时的心境和处境。这些谚语体现了人们对生活苦难的直观感受和深刻反思，反映了海南人民对于人生苦难、困境遭遇和悲观情绪的深刻理解和表达，同时也蕴含着对人生复杂性和无常性的深刻认识。

【原话】

病不成生，不成死。

【英译】

One seems to be at death's door from his illness.

【解释】

指病得非常重，生死未卜，用来形容处于生死边缘的极度困苦状态。

【原话】

财出人心痛。

【英译】

The loss of property is heartbreaking.

【解释】

指财产损失给个人带来的极大心理痛苦，强调了人们对物质财富的重视及其丢失时的痛苦感受。

【原话】

黄土埋到胸。

【英译】

Buried halfway in the yellow earth.

【解释】

暗喻年纪已大，人到老年的生命阶段。

【原话】

黄叶不落青叶崩，白毛人送黑毛人。

【英译】

Just as the yellow leaves survive but the green leaves fall down, parents outlive their child.

【解释】

指青叶先于黄叶落下，老人给孩子送葬。形容小辈先于长辈去世，描述自然规律被打破的悲剧和对早逝年轻人的哀悼。

【原话】

木头受得千刀，人不受得百怨。

【英译】

Wood endures thousands of cuts, but humans cannot bear hundreds of curses.

【解释】

木头虽然能承受千次切割，但人的情感脆弱，难以承受过多的责备或怨恨。

【原话】

目汁①打脚姆②。

【英译】

Tears fall down to the toes.

【注释】

①目汁：眼泪。

②脚姆：脚拇趾。

【解释】

眼泪都砸落到脚趾头上。形容极度悲伤的状态，用来形象描述深度悲痛时的情感溢出。

【原话】

清饭青菜吞不下，冷语冷言受不着。

【英译】

As simple meals are difficult to swallow, harsh words are harder to bear.

【解释】

清淡的食物让人难以下咽，而刻薄的话语更让人难以承受。它强调了言语的力量和人们对善意沟通的渴望。

【原话】

少年怕失母，中年怕失妻，老年怕失子。

【英译】

A young boy fears losing his mother, a middle-aged man fears losing his wife, and an elderly man fears losing his child.

【解释】

指年幼最怕母亲去世，年少无人抚养；正值中年最怕妻子离世，原本美满的家庭瞬间破碎；老年人最怕白发人送黑发人，痛失爱子。形容人生中的三大不幸，强调了亲情在个人生命中的重要性和不同生命阶段的不同恐惧。

【原话】

伸脚寒屈脚也寒。

【英译】

Feeling cold whether stretching or curling up.

【解释】

指在寒冷环境下，无论采取何种姿势都感到冷，比喻在困境中无论如何选择都无法逃避不利的状况。

【原话】

死不断气。

【英译】

He looks dying halfway.

【解释】

快要死时又不断气，当然是最难受的时候。这句话多用于形容半生不死，有气无力的人。

【原话】

听土香，听米臭。

【英译】

One finds solace in the scent of earth but is repulsed by the smell of rice.

【解释】

指一个人到了生命尽头，对日常生活中的食物失去兴趣，反而向往土的气息，象征着对死亡的接受和对生活的放弃。

【原话】

有命做无命吃。

【英译】

Working tirelessly without enjoying the fruits.

【解释】

拼命干活，却没命来享受劳动成果。形容拼命干活，却无福享受。

【原话】

鱼游鼎底，有凶无吉。

【英译】

A fish in the pot's bottom faces certain doom.

【解释】

鱼在锅底游，即将被煮熟，比喻处于绝境或危险境地的人或事，暗示了无法逃脱的困境或即将到来的不幸。

【原话】

越贫越见鬼，越寒越落水。

【英译】

The poorer you are, the more troubles you find; the colder it gets, the more likely you fall into water.

【解释】

家贫偏偏遭遇不幸，天寒地冻还不幸掉入水中。形容处境已然艰难，却又遭遇更多不幸。此句俗语指出贫穷会导致许多不堪的事情，会雪上加霜。

参考文献

一、中文文献

（一）专著

［1］洪寿祥，等．中国谚语集成：海南卷［M］．北京：中国 ISBN 中心，2002．

［2］刘晓树．诙谐机智的1000条常用俗语［M］．天津：天津科学技术出版社，2009．

［3］千高原．中国谚语集萃［M］．南京：江苏美术出版社，2012．

［4］牛洪义．中华谚语 歇后语精粹［M］．南京：江苏凤凰美术出版社，2015．

［5］本书编委会．趣味谚语［M］．广州：世界图书出版广东有限公司，2009．

［6］郑宏峰，姜瑞良．中华谚语（上、下）［M］．北京：线装书局，2010．

（二）期刊

［1］柴俊星．海南民谣熟语等文学作品修辞手法拾萃［J］．语文学刊，2015，（12）：1-2，5．

［2］洪大用．超越西方化与本土化：新时代中国社会学话语体系建设的实质与方向［J］．社会学研究，2018，33（1）：1-16．

［3］华启和．习近平新时代中国特色社会主义生态文明建设话语体系图景［J］．湖南社会科学，2018（6）：1-7．

［4］黄香玉．海南"天然美食"俗语中旅游文化研究［J］．海南广播电视大学，2016，17（1）：43-46．

［5］贾毓玲．对融通中外话语体系建设的几点思考：《求是》英译体会［J］．中国翻译，2015，36（5）：93-95．

［6］李卫群．海南话俗语中的文化信息考察［J］．教师，2020（8）：

127-128.

[7] 李亚竹，钟宇．海南黎族谚语的语言生态学研究［J］．湖北师范学院学报（哲学社会科学版），2015（3）：16-19.

[8] 梁静华，刘爱梅．海南闽方言俗语与民俗［J］．海南广播电视大学学报，2011，12（3）：16-20.

[9] 毛春洲．多元文化背景下海南特区语言政策与语言规划研究：东南亚岛屿国家和地区的语言政策和规划对海南的启示［J］海南广播电视大学学报，2021，13（2）：11-17.

[10] 宋安琪．城市化进程中城乡青少年语言状况对比研究——以海南中小学生为例［J］．语文建设，2015（36）：31-32.

[11] 王琳．海南语言多样性的保护与传承［J］．海南大学学报（人文社会科学版），2011，29（3）：8-12，17.

[12] 王晓晖．加强国际传播能力建设，精心构建对外话语体系［J］．马克思主义与现实，2014（4）：1-3.

[13] 徐曼．河南方言生存现状及面临的危机［J］．焦作大学学报，2014，28（1）：23-25.

[14] 钟舟海，凌汉华．从文化生态学看方言的传承与保护：以客家俗语为中心［J］．江西理工大学学报，2014，35（4）：98-102.

[15] 周萍．开发海南方言资源保护文化的多样性［J］．新东方，2011，（6）：32-35.

[16] 庄翠娟．浅议海南话［J］．琼州学院学报，2009，16（6）：153-154，152.

（三）其他
[1] 海南的俗语和诗句［EB/OL］．惠誉句子，2020-12-13.
[2] 海南谚语［EB/OL］．微点阅读，2021-07-21.
[3] 海南俗话俚语（一）［EB/OL］．搜狐网，2022-05-02.
[4] 海南俗话俚语（二）［EB/OL］．搜狐网，2022-05-02.
[5] 海南民谚解（之三）［EB/OL］．文秘帮，2022-05-02.
[6] 海南俗话俚语（四）［EB/OL］．搜狐网，2022-05-02.
[7] 海南俗话俚语（五）［EB/OL］．搜狐网，2022-05-02.
[8] 海南俗话俚语（八）［EB/OL］．搜狐网，2022-11-18.
[9] 海南俗话俚语（九）［EB/OL］．搜狐网，2022-12-01.

［10］海南俗话俚语（十）［EB/OL］. 搜狐网，2022-12-18.

［11］高中知识. 海南民间谚语大全［EB/OL］. 零二七艺考，2022-01-07.

［12］李增华. 彝语南部方言峨新土语：语言文字的危机和应采取的对策［C］//第二届中国云南濒危语言遗产保护研讨会论文集，2006.

［13］刘钦. 现代汉语常用谚语研究［D］. 济南：山东大学，2019.

二、英文文献

［1］MIEDER W. Proverbs：A Handbook［M］. Westport：Greenwood Press，2004.

［2］PALMER F R. Semantics［M］. Cambridge：Cambridge University Press，1981.